现代财务
与会计管理研究

张育明　刘新元　孙勋／主编

山西出版传媒集团
三晋出版社

图书在版编目（CIP）数据

现代财务与会计管理研究／张育明，刘新元，孙勍主编．--太原：三晋出版社，2024.1
　　ISBN 978-7-5457-2915-3

Ⅰ.①现… Ⅱ.①张… ②刘… ③孙… Ⅲ.①财务会计—会计管理—研究 Ⅳ.①F234.4

中国国家版本馆CIP数据核字（2024）第031189号

现代财务与会计管理研究

主　　编：	张育明　刘新元　孙　勍
责任编辑：	张　路
出 版 者：	山西出版传媒集团·三晋出版社
地　　址：	太原市建设南路21号
电　　话：	0351-4956036（总编室）
	0351-4922203（印制部）
网　　址：	http://www.sjcbs.cn
经 销 者：	新华书店
承 印 者：	北京兴星伟业印刷有限公司
开　　本：	720mm×1020mm　1/16
印　　张：	11.25
字　　数：	200千字
版　　次：	2024年3月第1版
印　　次：	2024年3月第1次印刷
书　　号：	ISBN 978-7-5457-2915-3
定　　价：	60.00元

如有印装质量问题，请与本社发行部联系　电话：0351-4922268

前　言

随着经济的不断发展,现代财务与会计管理应用已经逐渐演变成了一种全新的商业化运作模式,这两者相结合在企业运营中起到了非常重要的作用。而财务与会计管理其实已经有相当长的发展周期,它们起源于12世纪的欧洲沿海商业城市,当时正是资本主义萌芽时期,这种财务与会计管理的产生主要就是为了满足城市商业交易的需要,并提供一定的市场行情信息。

在我国不断发展的当下,财务会计的市场需求比原来大了很多,而传统的财务会计已经远远不能胜任产业的需求,这时,财务会计就进入了第二个发展时期,也就是产业革命时期。这个时期所形成的财务会计的目标比传统的会计目标更为明确,并且还建立了独立的财务目标体系,这个体系在企业的经营状况和债务累计方面都相对完善,同时,财务会计还可以将财务市场的最新消息及时传递给公司,以便让公司制定准确的对策。这时,会计管理在其中也就显现出了非常重要的意义。

一个企业能不能获得长足的发展与会计管理的工作息息相关,而合理的会计管理模式能够使企业减少投资成本、增加利润。会计部门定期将会计信息提供给企业管理者,对企业管理者做出决策非常有利。而在管理活动中,会计是一项基础工作,在企业中发挥着极其重要的作用,如果没有引起管理者的高度重视,就会阻碍会计职能作用的发挥,也会影响到企业的发展。结合会计信息,对企业发展方向进行明确,有利于企业制订切实可行的计划。所以,会计管理工作在一定程度上影响着企业的发展,其要对企业资源进行合理的配置,通过较少的资金成本,获得较多的利润,使企业占据市场优势。会计工作在企业发展过程中具有非常重要的意义,所以企业管理者要更规范地对会计工作进行管理,并及时反馈企业经营情况,降低成本,提高企业管理水平。

目　录

第一章　绪论 ·· 1
第一节　财务管理基础理论 ······································· 1
第二节　财务管理的价值观念 ······································· 6
第三节　经济环境与财务会计演变 ······························· 13
第四节　财务会计概念框架和规范 ······························· 18

第二章　财务分析的应用 ··· 27
第一节　财务分析概述 ·· 27
第二节　财务分析的主要方法 ······································· 33
第三节　基本财务指标分析 ··· 36

第三章　财务战略与预算 ··· 40
第一节　财务战略 ··· 40
第二节　全面预算体系 ·· 47
第三节　筹资数量的预测 ·· 51
第四节　财务预算 ··· 55

第四章　财务报表 ·· 59
第一节　财务报表概述 ·· 59
第二节　财务报表编制 ·· 63

第五章 财务风险 ······ 78
第一节 财务风险概述 ······ 78
第二节 财务风险预警 ······ 90
第三节 财务风险控制 ······ 106

第六章 会计管理的理论研究 ······ 116
第一节 会计管理概述 ······ 116
第二节 会计管理质量控制 ······ 120
第三节 科技革命与会计管理 ······ 122
第四节 企业会计管理监督体制建设 ······ 125

第七章 财务会计货币资金和固定资产管理 ······ 130
第一节 货币资金、资产概述 ······ 130
第二节 现金、银行存款 ······ 132
第三节 其他货币资金 ······ 149
第四节 固定资产 ······ 152

第八章 财务会计无形资产管理 ······ 156
第一节 无形资产概述 ······ 156
第二节 无形资产的核算 ······ 160
第三节 可辨认无形资产 ······ 164
第四节 商誉 ······ 170

参考文献 ······ 173

第一章 绪论

第一节 财务管理基础理论

一、财务管理的定义

企业财务是企业财务活动及其所体现的经济利益关系(财务关系)的总称,它的基本构成要素是投入和运动着的企业资金。资金的实质是再生产过程中运动着的价值。在市场经济条件下,企业在从事生产经营的同时,客观上存在着资金及其运动。在企业的商品运动过程中,现金转变为非现金资产,非现金资产又转变成现金,这种周而复始的流转过程无始无终、不断循环,形成资金运动。[1]

企业的资金运动,表面上表现为商品和价值的增减变化,实质上,商品价值的增减变动总是离不开人与人之间的经济利益关系。财务管理就是基于企业在生产过程中客观存在的财务活动和财务关系而产生的,它是企业组织财务活动、处理企业各方面财务关系的一项经济管理工作。财务管理是对财务活动和财务关系的管理。企业的财务活动是围绕资金运动开展的,并在财务活动过程中体现各种财务关系。因此,要理解财务管理的含义,首先必须弄清什么是资金和资金运动,然后进一步理解企业的主要财务活动,最后分析企业资金运动过程中体现的财务关系。

---

[1] 白丽.市场经济条件下企业财务管理的地位关键探索[J].商情,2022(33):4—6.

(一)财务管理的含义

在市场经济中,企业的一切财产物资都是有价值的,都凝结着相应的社会必要劳动,这种社会必要劳动的货币量化就是资金。资金是企业开展一切经济活动的血液和灵魂,没有资金企业就无法存在。企业资金的实质就是生产经营过程中运动着的价值。

企业的再生产过程是一个不断循环和发展变化的过程。这一过程的开始总是通过各种渠道取得资金,如投资者投入或借入资金,我们把企业取得资金的活动称为资金投入。从静态来看,企业所取得的资金总是表现为一定的财产物资,但从动态角度分析,企业资金总是不断地从一种形态转化成另一种形态,也就是说企业的资金总是处于不断运动之中,企业正是在资金运动中提供各种服务,从而不断发展壮大。

在企业再生产过程中,资金从货币形态开始,依次通过供应、生产和销售三个阶段,分别表现为不同的形态,最终又回到货币形态,这就是资金的循环。企业的资金循环是周而复始、不断重复进行的,这就是资金周转。有时,部分资金并不直接参与企业再生产过程,而投资到其他单位,称为对外投资;还有部分资金并不总是处于企业再生产过程中,而是退出企业的资金循环和周转,包括上缴税费、分配利润、归还债务等,我们称之为资金退出。我们把企业资金投入、资金循环和周转以及资金退出等统称为企业的资金运动。

资金运动是企业生产经营过程的价值方面,它以价值形式综合地反映着企业的生产经营过程。企业的资金运动,构成企业生产经营活动的一个独立方面,具有自己的运动规律,这就是企业的财务活动。企业的财务活动离不开人与人之间的经济利益关系。一言以蔽之,企业财务是指企业在生产经营过程中客观存在的资金运动及其所体现的经济利益关系。前者称为财务活动,后者称为财务关系。财务管理是企业组织财务活动、处理财务关系的一项综合性的管理工作。财务管理区别于其他管理活动的特点在于,它是一种价值管理,主要利用资金、成本、收入、利润等价值指标,运用财务预测、财务决策、财务预算、财务控制、财务分析等手段来组织企业中价值的形成、实现

第一章 绪论

和分配,并处理这种价值运动中的经济关系。财务管理具有很强的综合性,涉及和影响到企业生产经营活动各方面的质量和效果,能够及时组织资金供应、有效使用资金、严格控制生产耗费、大力增加收入、合理分配收益,又能够促进企业有效开展生产经营活动、不断提高经济效益。

(二)财务活动

随着企业在生产过程中不断发展,企业资金总是处于不断运动之中。企业财务活动构成了企业财务管理的内容,就是企业资金运动过程中的各种经济活动,包括:筹资活动、投资活动、资金营运活动和分配活动四个方面。

1.筹资活动。筹资活动是企业为了满足投资与周转的需要而筹措资本的活动。其实质是企业根据其一定时期内资金投放和资金运动的需要,运用各种筹资方式,从金融市场和其他来源渠道筹措、集中所需要的资金的过程。

在筹资活动中,企业要确定适度的筹资规模,选择合理的筹资渠道和筹资工具,确定合理的资本结构,实现综合资本成本与投资收益的均衡。企业通过筹资可以形成两种不同性质的资金来源:第一,权益性质的资金,它是企业通过吸收直接投资、发行股票和以内部留存收益等方式从国家、法人、个人等投资者处取得而形成的自有资金;第二,负债性质的资金,它是企业通过银行借款、发行债券、利用商业信用和租赁等方式,从金融机构、其他企业、个人等债权人处取得而形成的借入资金。

资金进入企业,成了企业资金运动的起点。在筹资过程中,一方面,企业需要根据战略发展的需要和投资计划来确定各个时期企业总体的筹资规模,以保证投资所需的资金;另一方面,要通过筹资渠道、筹资方式或工具的选择,合理确定筹资结构,降低筹资成本和风险,提高企业价值。

2.投资活动。投资是指企业将所筹集的资本投入使用的过程。企业在取得资金之后,将资金投入日常生产经营或特定项目的正常运转以取得投资收益。根据投资方向不同,投资包括对内投资与对外投资。无论企业购买内部所需资产,还是购买各种有价证券,都需要支付资金,表现为企业资金的流出,当企业变卖其对内投资的各种资产或回收对外投资的资金时,会产生企

— 3 —

现代财务与会计管理研究

业资金的流入,这种因企业投资活动而产生的资金的流入流出,便是由资金投放而引起的投资活动。企业投资活动的结果是形成各种具体形式的资产及一定的资产结构。所谓资产结构是指资产内部流动资产与非流动资产之间的比例关系。企业在投资过程中,必须考虑投资规模,以提高投资效益和降低投资风险,选择合理的投资方向和投资方式。

3.资金营运活动。为满足企业日常营业活动的需要而垫支的资金,称为营运资金。因企业日常经营而产生的资金收支,便是企业的资金营运活动。在一定时期内,营运资金周转速度越快,资金的利用效果就越好,企业就可能生产出更多的产品,取得更多的收入,获取更多的利润。企业需要确定营运资金的持有政策、合理的营运资金融资政策以及合理的营运资金管理策略,包括:现金和交易性金融资产的确定,应收账款的信用标准、信用条件和收账政策的确定,存货周期、存货数量、订货计划的制订等。

4.分配活动。资金分配活动就是对企业取得的各种生产经营收入,依照现行的法规、制度和决议进行分配。企业资金分配的结果,表现为把企业净收入分配给职工、经营者、所有者、债权人及其他投资者和国家。如果这种分配公平合理,便能够调动各方面的积极性,增强企业凝聚力,从而有助于提高企业的生产经营业绩。反之,如果分配上有意倾斜,厚此薄彼,弄虚作假,必将严重损害企业形象,使损失方对企业失去信心。因此,企业需要依据法律的有关规定,合理确定分配规模和分配方式,确保企业取得最大的长期效益。

企业销售产品或商品取得收入后,在支付各种成本费用和扣除各种税金后即为企业利润,成为企业资金分配的基本来源。企业利润应按规定缴纳所得税,对税后利润进行合理分配,分配与未分配的结果集中反映在净资产中的留存收益的各个项目上,这些资产或新增资本又形成了企业新的资金来源。

随着利润分配活动的进行,资金或退出或留存在企业内部,它必然会影响企业的资金活动,这不仅表现在资金运动的规模上,而且表现在资金运动的结构上,如筹资结构。因此,如何合理确定分配规模和分配方式,关系到企业的长期发展战略。

第一章 绪论

二、财务管理的内容

企业的生产经营活动复杂多变,使得企业财务管理包括多方面的内容。概括地讲,财务管理的主要内容有四个方面:筹资管理、投资管理、营运资金管理和利润分配管理。

(一)筹资管理

任何企业想要从事生产经营活动,必须首先筹集到其经营所需要的一定数量的资金。企业所筹集到的资金既要能够满足正常经营和特定投资计划的要求,也要能满足归还各项到期债务和支付利息及股利方面的要求。筹集所需要的资金是企业能够进行生产经营的前提。筹资管理就是要解决如何筹集所需资金的问题,包括向谁筹资、什么时间筹集及筹集多少资金等。不同的筹资渠道和筹资方式由于不同的筹资成本,资金使用时间、条件也不尽相同,给企业带来的风险大小也就不同。筹资管理的目标就是正确权衡成本与风险之间的关系,采用最适当的筹资方式来筹集资金,在风险适度的情况下,努力实现资金成本最低。

(二)投资管理

按时间长短划分,投资决策可分为短期投资和长期投资。筹资的目的是投资,财务管理所追求的目标是将各种资金有效组合起来,获取最大的投资收益。财务管理的根本任务就是依据企业的具体经营目标和管理要求,合理配置各类资产,并对有关投资事项做深入分析,加强资金管理和成本控制,不断加快资金的周转速度,提高投资管理水平和盈利能力。长期投资主要是对固定资产和长期有价证券的投资。其投资收益较高,但是流动性差,风险大。因此,在进行长期投资决策时,要仔细进行风险因素分析,将风险控制在合理的范围内。

(三)营运资金管理

营运资金主要用于企业日常生产经营,属于日常的短期投资。短期投资主要是对现金、短期有价证券、应收账款和存货等流动资产的投资,具有较强

— 5 —

的流动性,可以提高变现能力和偿债能力,减少财务风险,但同时伴随着的是较差的盈利能力。企业需要对风险和收益进行权衡比较,决定投资对象。

(四)利润分配管理

企业通过生产经营和对外投资等都能获得利润,对利润应按照规定的程序进行分配。财务管理应该努力挖掘企业潜力。合理有效地使用人力、物力和财力,增加企业盈利,提高企业竞争力。同时,财务管理也要根据企业的具体经营状况和未来发展的要求,制定合理的分配政策,正确处理好各项财务关系,确定有效的税收方针,定期考核总体及各部门的经营业绩,进行全面财务分析,为企业未来更加稳定和长期的发展提供保障和指明方向。

第二节 财务管理的价值观念

一、资金的时间价值的概念

时间价值又称货币时间价值,是指资金在周转使用中,由于时间因素而形成的不同的价值。或者说,是指资金经历一定时间的投资和再投资所增加的价值。它具有增值性的特点,是一定量的资金在不同的时间上具有不同的价值,即今天的一定量资金比未来的同量资金具有更高的价值。西方有句谚语:"一鸟在手,胜过两鸟在林。"意思是说,已经抓到手中的一只鸟,其价值不亚于尚在林中的两只鸟,它形象地说明了时间价值问题。

资金的时间价值是指一定量的资金在不同时点上的价值量的增值,也称为货币的时间价值。众所周知,在商品经济条件下,即使不存在通货膨胀,等量资金在不同时点上的价值量也不相等。今天的1元钱和将来的1元钱不等值,前者一般要比后者的经济价值大。比如:银行存款年利率为8%,将今天的1元钱存入银行,一年以后就会是1.08元。可见,经过1年时间,这1元钱发生了0.08元的增值,今天的1元钱和一年后的1.08元钱等值。资金在使用过程中随时间的推移而发生的增值,即为资金的时间价值。

第一章 绪论

（一）关于时间价值的理论争议

在西方经济学中关于时间价值的论述主要有如下观点：一种观点认为时间价值是耐心的报酬，即时间价值是牺牲当前消费的代价和报酬。这种观点认为即使在没有风险和通货膨胀的条件下，今天的100元钱也会大于以后的100元钱。投资者投入或投出这100元钱，他就牺牲了当时使用或消费这100元钱的权利和机会，这种牺牲不是无偿的，要获得补偿，因此，按照牺牲的时间来计算这种补偿，就是它的代价或报酬，就叫作时间价值。这种观点在西方各国十分盛行，也是一种传统观点。另外一种观点认为心理因素决定时间价值。英国经济学家凯恩斯从资本家和消费者心理出发，从而高估现在货币的价值、低估未来货币的价值。他认为，时间价值在很大程度上取决于灵活偏好、消费倾向等心理因素。

总之，西方经济学关于时间价值的概念认为，对投资者推迟消费的耐心应该给予报酬，该报酬量应该与推迟的时间成正比例关系。因此，单位时间的这种报酬对投资的百分比称为时间价值。显而易见，西方经济学家的这些概念只是说明了时间价值的一些现象，并没有说明其本质，在此，十分有必要对时间价值的来源、产生、计算标准和计算方法做出科学的解释。

1.时间价值的来源是剩余价值。在发达的商品经济条件下，商品流通的变化形态是G—W—G′，这一运动的起点和终点都是货币，没有质的区别，有的只是量上的差别，即G′大于G，G′=G+M，其中G′等于原投入的货币额加上一个货币增值额，马克思一针见血地指出"这个增值额超过原价值的余额叫作剩余价值"。上面分析的是流通过程的价值运动形式，若把生产过程和流通过程结合起来加以分析，资金运动的全过程是G—W…P…W—G′，可得出同样的结论。所以，时间价值绝不是"耐心"和"心理因素"等创造出来的，它的真正来源是劳动者创造的剩余价值。

2.时间价值是在生产经营中产生的。马克思认为货币只有当作资本投入生产和流通才能增值。"如果把它从流通中取出来，那它就凝固为储藏货币，即使藏到世界末日，也不会增加分毫"。因此，西方经济学家认为仅仅推迟消费就能取得报酬,显然是荒谬的。

3.时间价值以平均资金利润为基础,按复利计算。在《资本论》中,马克思精辟地论述了剩余价值是如何转化为利润,利润又如何转化为平均利润的,最后,等量的资金投入不同的行业,会获得大体相当的社会平均资金利润率或平均投资报酬率,这个率数就是计算时间价值的基础。马克思还认为在利润不断资本化的条件下,资本的积累要用复利方法计算,资本将按几何级数增长。

综上所述,时间价值应该有两种表现形式:第一,以绝对数表现的时间价值——时间价值额,是资金在生产经营过程中带来的真实增值额,即一定数额的资金与时间价值率的乘积;第二,以相对数表现的时间价值——时间价值率,是指扣除风险报酬和通货膨胀贴水后的平均资金利润率或平均报酬率等。在没有通货膨胀和风险的特定情况(静态)下,银行存款利率、贷款利率、各种债券的利率以及股票的股利,都是投资报酬率,它们就相当于时间价值率。

(二)资金的时间价值产生的条件

资金的时间价值产生的前提条件是由于商品经济的高度发展和借贷关系的普遍存在,出现了资金使用权与所有权的分离,资金的所有者把资金使用权转让给使用者,使用者必须把资金增值的一部分支付给资金的所有者作为报酬,资金占用的金额较大,使用的时间越长,所有者所要求的报酬就越高。而资金在周转过程中的价值增值是资金时间价值产生的根本源泉。

(三)资金的时间价值的作用

1.资金的时间价值是评价投资方案是否可行的基本依据。资金的时间价值是扣除风险报酬和通货膨胀等因素后的社会平均资金利润率。作为投资方案至少应达到社会平均资金利润率水平,否则,该方案是不可行的。以时间价值作为尺度对投资项目的资金利润率进行衡量,就成为评价投资方案的基本依据。如果投资方案的资金利润率高于时间价值,则该方案的经济效益良好,方案可行。

第一章 绪论

2.资金的时间价值是评价企业收益的尺度。企业作为营利性组织,其主要财务目标是实现企业价值最大化,而不仅是增加股东财富。企业经营者必须充分调动和利用各种经济资源去实现预期的收益水平,这个预期的收益水平应以社会平均资金利润率为标准。因此,时间价值就成为评价企业收益的基本尺度。

(四)资金的时间价值的表示方法

资金的时间价值可用绝对数(利息)和相对数(利息率)两种形式表示,通常用相对数表示。

有关资金的时间价值的计算方法与有关利息的计算方法相同,因而时间价值与利息率容易被混为一谈。实际上,财务管理活动总是或多或少存在风险,而且通货膨胀也是市场经济中客观存在的经济现象。因此,利率不仅包含资金的时间价值,而且也包括风险价值和通货膨胀的因素。只有在不考虑通货膨胀的情况下,政府债券利率可视同资金的时间价值。

把资金的时间价值引入财务管理,在资金筹集、运用和分配等各方面考虑这一因素,是提高财务管理水平,搞好筹资、投资、分配决策的有效保证。

二、时间价值的计算

由于不同时间单位上的资金价值是不相等的,所以不同时间点上的资金收入不宜直接进行比较大小,需要把它们换算到相同的时间基础上,然后才能进行大小的比较。这涉及不同时间点上资金之间的换算即资金时间价值的计算。资金时间价值的计算包括一次性收付款项和非一次性收付款项(年金)的终值、现值的计算。

为了研究问题方便,采用抽象分析法,即假设在没有风险和通货膨胀的情况下,单独考虑时间价值计量的问题。在这种情况下,时间价值等于利率。时间价值的计算主要包括复利的计算和年金的计算。

(一)复利的计算

复利是指不仅本金要计算利息,利息也要计算利息。即每经过一个计息

现代财务与会计管理研究

期,要将所生利息加入本金再计利息,逐期滚算,俗称"利滚利"。其中所说的计算期,一般是指相邻两次计算利息的时间间隔,如年、季、月、日等,除非特别指明的以外,计息期均指一年。由于计算复利的方向不同,复利的计算包括:复利终值和复利现值计算。

(二)年金的计算

年金是指一定时期内每期相等金额的收付款项。折旧、利息、租金、保险费等通常表现为年金的形式。简单地说,年金就是等额定期的系列收支。因此,企业财务活动中的分期付款赊购、分期偿还贷款、发放养老金、分期支付工程款、每年相同的销售收入等,也都属于年金的收付形式。年金按照付款方式和支付时间可划分为普通年金(也称后付年金)、预付年金(也称先付年金)、递延年金(也称延期年金)和永续年金4种。

1.普通年金。普通年金又称后付年金,指每期期末有等额的收付款项的年金。在现实经济生活中由于这种年金最常见,所以称作普通年金,又由于它发生在每期的期末,因此又称作后付年金。因为计算的方向不同,普通年金分为普通年金终值和普通年金现值。

2.预付年金。预付年金也称先付年金或即付年金,是指一定时间内,各期期初等额的系列收付款项,即在每期期初支付的年金。由于计算的方向不同,预付年金分为预付年金终值和预付年金现值。预付年金与普通年金的区别,仅仅在于付款时间的不同。由于年金终值系数表和年金现值系数表都是按普通年金编制的,所以在利用上述两个表计算预付年金的终值和现值时,可以在普通年金的基础上用终值和现值的计算公式进行调整。

3.递延年金。递延年金也称延期年金,是指最初若干期没有收付款项发生,后面若干期有等额系列收付款项发生的年金形式。

4.永续年金。永续年金也称终身年金,是指无限期支付的年金。在我国现实生活中,最常见的是银行存款中的存本取息。在西方,某些债券采取了终身年金的形式,持有者凭它可每期取得等额的资金,直到无限长的时间,永远不会期满,就是说,发行者没有义务在将来的任何时候以债券的票面值赎

第一章 绪论

回这些债券。此外,优先股股票因为有固定的股利而又无到期日,因而优先股的股利也可以看作是这种永续年金。

由于永续年金没有终止的时间,所以也就不存在终值,因此,在永续年金的计算中只涉及现值计算的问题。

三、风险报酬的概念

前面在研究时间价值时,有一个假设条件,即在不存在风险和通货膨胀的条件下,也就是在完全静态的条件下。但是,在财务管理实践中,风险是时时刻刻存在的,是不可避免的,企业只要从事理财活动,就要承担一定的风险。

(一)风险的含义

风险是一个比较难掌握的概念,理论界关于其定义和计量方法有多种表述,概括起来,大致有以下几种:一般来讲,企业的一项理财活动可能有多种结果,即将来的结果不是唯一的,就称作有风险。在韦氏大词典中关于风险的定义是:"损失、损伤或处于危险处境的可能。"即风险指发生某些不利事件的可能性。从证券分析或投资项目分析来讲,风险应该是指实际现金流量会少于预期流量的可能。从投资者的角度来看,风险是指从投资活动中所获收益低于预期收益的概率。最后,从财务管理的角度来说,风险是指在一定条件下和一定时期内,财务活动可能发生的各种结果的变动程度。由此可见,站在不同的角度对风险的含义有不同的理解,但不管其表述如何,都没有偏离风险的实质。风险的实际性质有三,即客观性、时间性和可测性。

财务实务领域,对风险和不确定性一般不做过细的区分,统统作为"风险"来对待,即未来的收益或损失只要不确定,就称作有"风险"。实际上,不确定性是人们事先只知道采取某种行动可能形成的各种结果,但不知道它们出现的概率,或者两者都不知道,只能做粗略估计。例如,企业试制一种新产品,现在只能肯定该种产品试制会有成功或失败两种可能,但不会知道这两种后果出现可能性的大小。经营决策一般都是在不确定的情况下做出的。

因此,为了便于进行定量分析,财务管理中把风险视为不确定性加以计量,将风险理解为可测定概率的不确定性。

概率的测定有两种方法:一种是客观概率,指根据大量的历史实际数据推算出来的概率;另一种是主观概率,指在没有大量实际资料的情况下,人们根据有限的资料和经验合理估计的概率。

(二)风险的种类

风险的预期结果具有不确定性,这种不确定性可能来自外部环境或整个市场,也可能来自特定的投资方案或特定的金融资产,前者称作系统性风险或不可分散风险,后者称作非系统性风险或可分散风险。

1.系统性风险。系统性风险是指由于整个经济的变动而造成的市场全面风险,如社会动荡不安、政局不稳、国民经济的全面衰退、资源危机、社会经济制度变革等。系统性风险是来自于特定投资方案或特定金融资产的外部,作为特定的投资方案或特定的金融资产来说是不可回避的,不能运用一定的理财策略进行分散的风险,所以这种风险又称为不可分散风险。

2.非系统性风险。非系统性风险是指对于特定的理财项目来说所存在的风险。由于它与理财项目外部因素的变动无关,所以称作非系统性风险,如购买某一股份公司的股票,由于该股份公司的经营破产而给投资方带来的投资损失,或者由于该股份公司的经营情况不稳定给投资方的股票投资收益带来不确定的风险。这类风险可以通过多样化投资策略进行分散,所以非系统性风险又称为可分散风险。

3.总风险。一个特定的理财项目的风险来自内部和外部两个方面,所以理财风险包括:系统性风险和非系统性风险两个部分,一部分可以通过多样化理财策略进行分散,而另一部分则不能运用多样化理财策略分散。两个方面的风险合并到一起,就构成了特定的理财项目的总风险,即:总风险=系统性风险+非系统性风险。

第一章 绪论

第三节 经济环境与财务会计演变

资本是趋利的,在信息不对称的资本市场上,投资者之所以愿意将其所拥有的财务资本让渡给管理当局管理,企业之所以能够筹集到经营发展所需的资金,财务会计及其报告的地位和作用不可忽视。[①]在经历了与资本市场之间的相互制约和互动发展之后,从传统会计中分离出来的财务会计在确认、计量、记录、报告方面进行了一次次的革新,形成了相对独立的财务会计理论体系,这一理论体系随着经济的发展与资本市场的变迁还在不断丰富和发展。

一、信息不对称与财务会计

在所有权和经营权分离的情况下,公司的管理当局与外部的投资者之间所拥有的公司信息并不对称,这一信息不对称会产生逆向选择和道德风险的后果。其中前者因为公司的内部人(诸如管理层等)比外部股东或债权人拥有更多关于公司当前状况和未来前景的信息,内部人可能会以牺牲外部人的利益为代价来牟取私利;后者则表现为外部的股东或债权人不能观察到管理层的努力程度和工作效率,管理层因此而偷懒,或者将经营失败的原因推卸到外部不可控因素上。

如果"知情"的管理当局作为内部人,能够遵循"自我道德约束"来编制财务报表以提供给外部信息使用者作为决策依据,那么资本市场的信息不对称问题将由于"自愿披露"行为以及投资者的信任而缓解。然而问题在于,道德规范并不总是有效的,通过财务数据操纵进行造假或欺诈的案例屡屡出现。究其原因在于会计信息是一种复杂的重要的"商品",不同的人对其会有不同的反应,由此会影响到个人决策,进而影响到市场的运作。作为会计信息的主要载体,公开披露的财务报表是由公司的管理层来编报,而依靠会计信息

---

①刘海宁,李翰潇.企业与资本市场关系的探析[J].内蒙古煤炭经济,2020(7):1.

进行相关投资决策的外部投资者则处于信息劣势。为了保证会计信息的真实与公允，必须有一个制度安排，这就是通过"公认会计原则"（GAAP）或会计准则直接规范财务报表的内容及形式，再由独立审计加以验证。这一制度背后的机制是，如果GAAP是高质量的，又有独立审计验证由其产生的会计信息质量，财务报表提供的信息质量应该得到合理的保证。

二、资本市场环境下财务会计理论的发展

资本市场是一国市场体系的核心，它在促进社会资源有效配置以及资产有效分布的同时，也是信息的集聚地。投资者、债权人以及上市公司等利益集团或个人都需要了解上市公司的财务状况、经营成果以及现金流量状况等信息，并根据这些信息进行投资或决策。在资本市场比较发达的情况下，决策有用观对于会计行业以及会计准则制定机构都具有深远的影响。资本市场最发达的美国提出，财务报告的首要目标就是"提供对投资和信贷决策有用的信息"。公允价值就是与其密切相关的一个重要且颇有争议的概念。

（一）公允价值

尽管本质上适应工业经济的历史成本仍然占据主要地位，但人们发现它已经越来越不适应经济的发展，一些对企业价值产生重要影响的事项和情况，如金融衍生工具、自创商誉、生物资产、人力资源已经无法被传统会计体系所反映。投资者和信贷者在让渡以现金为主的资源使用权后，都希望在未来获得公平的现金回报，而根据过去的历史成本无法预测未来以及为正确决策带来直接的帮助，因此人们在竭力寻求一个能够弥补这一缺陷的新的会计模式。

自1990年开始，美国证券交易委员会（简称SEC）前任主席道格拉斯就公开倡议所有金融机构都按市场价格报告所有的金融投资，认为公允价值是金融工具最相关的计量属性。西方国家的准则制定机构都纷纷响应，努力扩展公允价值计量属性在财务报告中的应用，以摆脱现行历史成本会计模式正在失去相关性的批评。

所谓公允价值是指一项资产或负债在自愿的双方之间，在现行交易中，并非强迫或清算所达成的购买、销售或结算的金额。可见公允价值是对未来交易的估计，是估计未实际发生但将进行现行交易的价格，不同于历史成本是以过去的交易或事项为基础的交换价格。公允价值与历史成本的主要区别在于：首先，公允价值不是建立在已发生的交易的基础上，而是建立在意图交换的双方虚拟交易（非现时交易）的基础上；其次，公允价值不是现时交易达成的交换价格，而是在未实现交易基础上的市场价格。

必须强调的是，公允价值是在没有真实交易的条件下，对意图进行的现行交易的价格进行的估价。也就是说，公允价值是双方已愿意进行现实交易，但是尚未存在实际交易的情况下，对交易中资产或负债的估计价格。

作为一种计量属性，公允价值计量的目标是在缺少实际交易的情况下为资产和负债估计现实交易价格。这种估计是参照假定的交易来确定的。通常可以采用的估价技术有市场法、收益法及成本法。无论采用哪一种估价技术都必须注意三个原则：第一，所采用的估价技术应该保持一贯性；第二，估价是为了寻求可靠的公允价值，因此，只有能产生更可靠的公允价值时，才应变更估价技术；第三，估计公允价值必须以市场信息为假定和数据源头。

与公允价值密切相关的概念之一是现值。美国财务会计准则委员会（简称FASB）曾经在其第5号概念框架里将"未来现金流量的现值"作为会计的一项计量属性。随后FASB经过数十年的研究，在第7号概念框架中，上述观点被明确否定，提出"未来现金流量的现值"技术是估计公允价值的手段。现值并不一定代表公允价值，因为用一个随意设定的利率对一组现金流量进行折现都可以得到一个现值，但是这样做并不能为使用者提供有用的信息。因此，在运用现值技术估计公允价值时，关键是要符合或大致接近交易双方自愿达成的金额。

（二）业绩报告的改进——综合收益表

在历史成本计量模式下，在初始计量后，只需要考虑摊销或分配，并不需要在后续时间考虑持有资产价格的变化，即不会形成未实现的利得和损失。

但是如果在公允价值计量模式下进行现行价值计量,就必然会产生未实现的利得和损失。在现行会计实务中,对资产持有期间的价值变化的处理并不统一,有的计入当期损益,有的计入所有者权益,还有的允许同一项目在上述两种方法中选择,这种处理方式直接影响了收益表的信息含量。传统收益表的不完整使得使用者无法了解报告主体在一个会计期间全部的财务业绩,进而也就无法对未来的结果和现金流动做出评估。由此以综合收益表完整地对会计主体的业绩进行报告成为今后会计的发展方向,日益得到理论与实务界的重视。

综合收益概念的内涵在于,确认收益要遵循"资产负债观"而不是"收入费用观"。不过目前的综合收益表包含的内容除了传统损益表的内容外,只包括限定项目所形成的其他收益,也就是说仍然奠定在"收入费用观"的基础上,但是逐渐在向"总括收益观"靠拢。

所谓"资产负债观"指利润是剔除所有者与企业的经济往来后,企业在某一期间内净资产变动额。可见"资产负债观"强调的是企业资本的保全,认为资本保全后才能计算利润。而"收入费用观"则认为利润是收入和费用配比的结果,如果收入大于费用则为盈利,反之则为亏损。对于"收入费用观"有两个基本观点,一是"当期经营观",另一个就是"总括收益观"。前者认为企业的经营业绩应体现出经营活动的结果,而不应该包括非经常性损益。而后者则认为企业在存续期间内,各个会计年度报告的利润之和必然等于该企业的利润之和,如果非正常损益不包括在当期利润中,就可能导致后期利润被高估。因此总括收益应根据企业在某一特定期间所有交易或事项所确认的有关企业业主权益的全部变动(不包括企业和业主之间的交易)加以确认。

纵观财务业绩报告的改革趋势,在保留传统利润表的基本结构的同时,将综合收益表纳入业绩报告体系的思路已经为大多数国家的准则制定者所考虑或接受。FASB提出了两种建议格式:第一种是在传统利润表的基础上,单独设计一张综合收益表,与传统利润表一起共同反映全面的财务业绩,综合收益表以传统利润表的最后一行作为该表的第一行,以"综合收益总额"作

第一章 绪论

为最后一行;第二种是单一报表格式,即将传统利润表与综合收益表合二为一,称为收益与综合收益表,在该报表中,传统利润表的最后一行——"净收益"作为综合收益总额的小计部分。尽管这一格式将综合收益纳入同一张表内,便于使用者分析,而且无须增加新表,但是由于将净收益作为收益总额的小计部分,可能会降低利润表的重要性,因而遭到许多人的反对。

(三)"规则基础"转向"原则基础"

举世瞩目的美国《萨班斯—奥克斯利法案》可以说在某种程度上是由安然、世通等财务欺诈案件所引发出台的。该法案要求组建上市公司会计监察委员会,加强对独立审计师的监管。值得一提的是在会计方面采取的重大措施之一,即提出了新的会计准则的制定方式:改变了原来以规则为基础的制定方式,转向了以目标为导向、以原则为基础的制定方式。

有观点认为,美国的会计准则是以规则为基础的,而安然事件中的一个关键词,即"特殊目的主体",就是基于美国会计准则的规则基础背景下产生的。但也并不是说按照原则基础的会计准则制定方式,引入"实质重于形式"的原则就可以避免,但至少能约束类似安然的欺诈行为。如果引入"经济人"假设和会计准则具有经济后果的假设,对此问题的回答就不是用"能"或者"不能"可以解决的,问题将会复杂化。

在"经济人"假设下,人是自利的,是期望在现有的规则范围内能够最大限度地实现自我利益的,而如果会计准则又具有经济后果,他们就会利用所有能够采取的手段,在现有的"政策"内寻找一切可能的空间,按照准则来设计其业务,进而创造性地产生了"没有违反准则"的会计行为,而这并不是会计准则意图达到的目的。可以说,以规则为基础的会计准则会引导会计信息的提供者更多地去寻求对法律形式的遵守,而不是反映交易和事项的经济实质。但是仅以原则为基础,会计准则的编制者以及审计师在具体操作时,将十分困难,因为即便是职业判断,也需要必要的指南。换句话说,现有的以"规则为基础"的会计准则会成为部分人规避会计准则真实意图的借口及手段,然而单纯地强调抽象的原则,也会导致会计准则应用和操作方面的不可

行。因此,以目标为导向、以原则为基础来制定会计准则成为一种理性的选择。

这一准则制定方式的特征表现为:按已经改进并一贯应用的概念为基础;以明确提出的会计目标引导会计信息提供者及审计师更为关注事项或交易的经济实质;提供的是充分且并不模糊的有关目标的细节及结构;尽可能减少准则中的"例外";尽量避免使用"界限(线)"进行界定或测试。

第四节 财务会计概念框架和规范

一、财务会计目标

当"会计本质上是一个信息系统"的观点被人们所接受后,会计目标就成为财务会计概念框架的逻辑起点。由于在不同的社会经济环境里,信息使用者有差别,而财务会计的目标又密切依存于使用者的信息需要,因此并不存在一个完全一致的目标。综合各国的财务会计目标,主要涉及这样几个问题:谁是会计信息的使用者;会计信息使用者需要什么样的信息;哪些信息可以由财务会计来提供;为了提供这些会计信息需要什么样的框架。

(一)受托责任观和决策有用观

在回答上述问题的过程中曾经出现过两个代表性的观点:受托责任观和决策有用观。了解这两种观点从对立到相互融合的过程,可以进一步了解会计目标的发展和演变。

1.受托责任观。从历史来看,受托责任观的出现早于决策有用观。其最早产生于两权分离、委托代理关系明确稳定的经济背景下。受托责任观认为在所有权与经营权分离的背景下,为企业资源的提供者创造尽可能多的财富是企业管理者的受托责任,会计目标应主要定位在提供经管责任完成情况的信息上,对会计信息质量的首要要求是可靠性。进而可靠性又会对概念框架中的会计确认、计量以及会计要素的界定等方面产生相应的要求。例如,对于会计确认,可靠性要求采用交易观,即只确认已经发生交易的经济业务,而对于具有不确定性的尚未交易的业务不予确认。至于会计计量,可靠性要求以历史成本为主,而现行价值或未来价值因其具有不确定性而被限制使用。

2.决策有用观。随着资本市场的产生和发展,所有者和经营者之间的关系变得模糊且不确定,这一情况下对会计的要求更多的是要反映企业未来的发展趋势,仅仅提供经营者经营业绩的信息以反映其受托责任已经不能满足对会计信息的要求。由此,决策有用观的会计目标登上了历史舞台。

决策是面向未来的,决策有用观认为会计目标应定位在向会计信息使用者(包括现有和潜在投资者、信贷者、企业管理者和政府)提供有关未来现金流量的金额、分布和不确定性的信息,以帮助他们在预测未来时能产生有差别的决策。如果会计信息能够帮助投资者评价资产未来现金流的流量和风险,那么会计信息将有助于提升资源配置的效率。目前这一观点已经成为研究财务会计目标的主流观点。决策有用观对会计信息质量的要求除了可靠性外,更强调相关性。不同于受托责任观下的会计确认和计量手段,该模式要求会计确认采用事项观,即会计要对包括尚未发生交易的资产价值变动在内的全部经济业务加以确认,而会计计量则强调采用相关资产的公允价值。

受托责任观和决策有用观并不是相互对立的两种观点,后者是前者的继承与发展。可以看出满足决策有用会计目标的信息需求也能满足受托责任会计目标,早期受托责任观对企业利润的关注也已经被决策有用观对企业未来现金流量能力的关注替代。

(二)我国会计目标的定位

决定会计目标定位的因素主要是经济环境因素,在我国由于实行的是国家宏观调控的国民经济管理体制,证券市场还不发达,大众投资者比例较低,这样的环境决定了完全采用决策有用观也许尚不可行,而是应该兼顾受托责任观和决策有用观。

我国目前的财务会计目标是,"向财务会计报告使用者提供与企业财务状况、经营成果和现金流量等有关的会计信息,反映企业管理层受托责任履行情况,有助于财务会计报告使用者(包括投资者、债权人、政府及其有关部门和社会公众等)做出经济决策"。具体来说,可以分为以下几方面。

1. 宏观经济调控。国家的财务信息需求。我国目前实行的是市场调节和国家宏观管理相结合的经济管理体制,由于市场经济机制尚未成熟,国家的宏观经济管理在整个国民经济管理中仍发挥主导作用。因此不论是上市还是非上市企业都需要按照国家规定向有关政府监管部门提供其所需要的会计信息,以保证国有资产的保值增值,保证国家相关税费的稳定增长,维护社会主义市场经济秩序。

2. 完成受托责任。公司管理层的财务信息需求。在两权分离的现代经营模式下,财务会计信息成为联系委托人与受托人之间代理关系的纽带,大量有关委托代理的企业契约是依托财务会计信息签订的。比如,盈利信息往往成为衡量代理人努力程度的替代指标,委托人据其制订和执行奖惩计划;而从代理人的角度考虑,财务信息则成为其传递受托责任完成的信号。

3. 促进资本市场资源配置。资源是稀缺的,如何有效配置稀缺的资源是资本市场的一个中心问题。财务会计通过提供可信、可靠、不偏不倚、能够如实反映交易的财务信息,有助于评估不同的投资机会和报酬,有助于促进资本和其他市场的有效运行。

二、财务会计基本假设

(一)会计主体假设

会计主体又称经济主体。每家企业都是一个与其业主或其他企业相互独立的会计主体,会计计量和报告只是特定主体经营和财务活动的结果,而不是企业业主的活动。会计主体假设从空间上限定了会计工作的具体范围。会计主体的概念适用范围较广,如合伙、独资、公司(包括股份与非股份公司)、小型和大型企业,甚至还适用于企业内部的各个环节(如各个部门)或几个企业(如编制合并报表的母子公司)。这里必须要明确会计主体、法律主体

第一章 绪论

和报告主体的区别。会计主体并不以法律主体成立与否为依据,凡是会计为之服务的特定单位都可以视为会计主体。法律主体则不同,例如,有些国家只承认股份公司可以以法律主体的身份行使民事权利、承担民事责任,而否认独资、合伙企业的法律主体地位。会计主体和报告主体也有所区别。原则上会计主体既指平时进行会计处理的会计主体,也指期末编制财务报告的报告主体,但是存在一些例外。如合并会计报表的报告主体是公司集团,而公司集团并不是会计主体;再如公司的若干分部(地区分部或业务分部)需要单独核算和报告时也可以作为一个独立的报告主体甚至可以集会计主体于一身,当然所反映的内容将远小于企业的内容。

(二)持续经营假设

持续经营假设又称连续性假设,即除非管理层打算清算该企业,或打算终止经营,或别无选择只能这样做时,会计主体的目标不会改变,并且会按照现状持续不断地经营下去。在此假设下,财务会计的基本流程,如确认、计量、记录和报告保持了一贯性,使财务会计得以在高度不确定性的环境中完成其流程的循环。但是,当管理层意识到存在有关事项或条件的高度不确定性因素可能会引致人们对企业仍能持续经营产生重大怀疑时,则应披露这些不确定性因素。此外如果有足够的相反证据证明企业无法持续经营,则破产清算假设将替代持续经营假设,这时财务会计在数据的处理、会计信息的加工以及提供财务报表的程序与模式等方面将会发生重大变化。

(三)会计期间假设

在会计主体持续经营假设的基础上,出于提供及时的财务信息的考虑,凡是能反映企业财务状况和经营成果的财务报告,应定期予以提供。按照传统的商业习惯和所得税法的规定,所谓定期往往指一年一次。实务中企业的会计年度既有按照公历年度的,也有按照自己的"自然"经营年度的。近年来,上市公司还被要求提供中期报告,即以半年度、季度或月份作为分期基础,进而形成中期财务报告。

现代财务与会计管理研究

持续经营与会计分期假设是相辅相成、互相补充的。从一定意义上讲，前者更为重要，因为有了持续的经营活动，才有必要和有可能进行会计分期。当然，在新经济时代，互联网的运用将使新兴企业的财务报告采取实时传递的方式成为可能，如何使现有的财务会计的构造和作用适应这一发展态势还需加以深入研究。

(四)货币计量假设

货币计量假设又称货币单位假设，认为会计是一个运用货币对企业活动进行计量并将计量结果加以传递的过程。会计信息以数量为主，这一假设给数量信息配备了统一的单位，进而使会计信息具有同一性和可比性。但是由于作为计量单位的货币本身也存在"量度"上的局限性，即货币的购买力存在变化的可能，因此，货币计量假设的背后还隐含着币值不变的假设，这样才能使各个会计期间的财务会计信息具有一定的可比性。

三、财务会计信息质量特征

财务会计信息质量特征是连接会计目标和财务报告的桥梁，在整个概念框架中居于枢纽地位，这在各国的财务会计概念框架或类似的文件中都有所提及。FASB认为，对会计信息质量特征的界定具有以下作用：为制定与财务报告目标相一致的会计准则提供指南；为会计信息提供者在选择表述经济事项的不同方法时提供指南；增加会计信息使用者对会计信息有用性和局限性的把握，以便做出更好的决策。

(一)用户需求观和投资者保护观

目前关于如何评价财务会计信息质量的观点有两大类，即用户需求观和投资者保护观。用户需求观认为财务报告的质量是由财务信息对使用者的有用性决定的。美国财务会计准则委员会(FASB)的概念框架就是这一观点的主要代表。FASB以决策有用性为目标，建设了一系列以相关性和可靠性为核心的财务会计信息质量特征体系。与用户需求观不同，投资者保护规则认为财务报告质量主要取决于财务报告是否向投资者进行了充分而公允的披露,因此诚信、透明、公允、可比和充分披露等特征成为该观点支持的会计信息质量特征。投资者保护观的支持者主要是美国证券交易委员会、审计准则委员会等组织或机构。

(二)会计信息质量的特征要素

表面上看各国及国际会计准则理事会(IASB)对财务会计信息质量特征的界定似乎大同小异,但是如果仔细比较和分析,就会发现各自不同的信息质量特征体系在名称、基本背景、层次结构以及具体的属性定义方面都存在差异。例如,相关性在大部分国家的概念框架中是主要的信息质量特征之一,但是其内涵并不完全相同。美国、加拿大强调预测价值、反馈价值/验证价值和及时性。而英国则主要强调预测价值和验证价值,至于IASC和澳大利亚则除了强调预测价值和验证价值外,还强调对财务信息的性质及其重要性的关注。

由于美国在研究概念框架方面的领先地位,其研究成果已成为各国(包括IASB)在相关方面的研究依据。下面以FASB对会计信息质量各特征要素的界定作为参考,对几种主要的会计信息质量特征的内涵进行说明,最后介绍我国和IASB对财务会计信息质量特征的研究现状。

1.相关性。相关性是指会计系统提供的会计信息应该与使用者的决策相关。基于"决策有用性"的会计目标,对决策最为有用的信息是"能够帮助信息使用者在预测未来时能有决策差别"的信息,因此相关性成为保证会计信息质量的重要特征。会计信息的相关性还必须具有预测价值、反馈价值和及时性三个基本质量特征。预测价值是指会计信息要能够帮助投资者预测企业以后的财务状况、经营成果和现金流动情况。反馈价值是指投资者获得会计信息后,能够据此修正以前的某些认识。会计信息的及时性是要求必须及时收集会计信息、及时对会计信息进行加工和处理,并且及时传递会计信息。

2.可靠性。可靠性是指会计信息应如实表述所要反映的对象,尤其需要做到不偏不倚地表述经济活动的过程和结果。可靠性具体可分为三个方面,即可核性、真实性和中立性。可核性是指不同的人,依据相同的信息输入、遵循相同的会计准则,可以从会计信息系统中输出相同或相似的结果。真实性是指会计信息应该反映实际发生的经济活动,通常所指的会计信息失真就是指会计信息不能够真实反映企业的经济活动。中立性要求会计人员处理会计信息时应保持一种不偏不倚的中立的态度,避免倾向于预定的结果或者某一特定利益集团的需要。

3. 可比性。广义的可比性是指财务会计信息在同一会计主体不同时期之间和不同会计主体同一时期之间可以予以比较,从而使用户能够比较某两个时间点或某两个时期的交易或事项,以及财务业绩的相似之处及其差异的质量属性。其中同一会计主体不同时期之间的会计信息的可比性又称为一致性,按照一致性的要求,会计方法的选择在前后期应保持一致;而不同会计主体之间的可比性又被称为狭义上的可比性,要求不同会计主体之间的会计政策具有相同的基础,会计信息所反映的内容基本一致。

4. 可理解性。可理解性是指能够被信息使用者所理解,这是针对会计信息用户的质量特征。具体而言是要求财务信息应当被那些对商业活动和经济活动拥有合理理解能力,并且愿意花精力去研究这些信息的人士所理解。可理解性可划分为两类:与特定的决策者相关,或者与广大的各类决策者相关。

5. 透明度。由于20世纪90年代美国上市公司存在严重的盈余管理现象,美国证券交易委员会(SEC)非常关注这一现象,希望从多个角度提高上市公司信息质量。1996年4月11日,SEC在其声明中提出三项评价"核心准则"的要素,其中第二项是"高质量"。对"高质量"的具体解释是可比性、透明度和充分披露。其后在1997年,SEC前主席莱维特在关于"高质量会计准则的重要性"的演讲中明确提出将透明度纳入高质量的特征体系中。

由于透明度适用的领域很广,迄今为止,对透明度的定义并没有统一。从会计的角度,可以将其理解为是对会计信息质量标准和一般意义上的会计信息披露要求的发展。可以这样认为:会计透明度是一个关于会计信息质量的全面要求,包括会计准则的制定和执行、会计信息质量标准、信息披露与监管等。可见会计信息质量的透明度要求仅仅是其中的一个部分。

(三)我国财务会计信息质量特征体系

在2006年2月15日前,我国并没有专门提出一个会计信息质量特征体系,但是在相关会计法律法规中都以一般原则的形式提及会计信息质量特征。例如,在1985年出台(又于1993年和1999年修订)的我国第一部《会计法》中提到了"保证会计资料合法、真实、准确、完整"的法律要求;在1992年颁布的《企业会计准则》里提到会计核算要遵循的有关原则,其中涉及真实性、相关性、可比性、一致性、及时性、可理解性、谨慎性、全面性、重要性九个会计信息质量特征;在2001年颁布并执行的《企业会计制度》中也涉及会计核算需要遵循的有关原则,包括真实性、实质重于形式、相关性、一致性、及时性、明晰性、可理解性、谨慎性、重要性九个会计信息质量特征。

目前世界各国都高度重视会计信息质量特征体系的建立,我国也顺应这一大趋势,在《企业会计准则——基本准则》(修订)中第一次明确提出了"会计信息质量要求"的形式,包括了对会计信息质量在真实性(含可靠性)、相关性、明晰性、可比性(含一致性)、实质重于形式、重要性、谨慎性和及时性方面的要求。不过由于我国并没有财务会计概念框架,所以这些质量特征还没有一个完整的理论支持,今后还需要对质量特征体系所涉及的约束条件、总体质量特征、限制性标准、关键质量特征、次级(及次要)质量特征等内容做深入的研究。

(四)IASB财务会计概念框架中的会计信息质量特征

与美国不同,IASB关于会计信息质量特征的内容是以"财务报表的质量特征"的形式进行阐述。其中可理解性、相关性、可靠性和可比性为处于同一层次的主要质量特征。相关性的构成要素分别为预测价值、验证价值、财务信息的性质及重要性。可靠性由忠实反映、实质重于形式、中立性、审慎性和完整性构成。由于IASB的概念框架不同于一国研究出台的概念框架,它主

现代财务与会计管理研究

要是为了解决"众口难调"的突出问题,所以可比性是IASB极为关注的一个质量特征,不仅指交易或事项的计量及列报的方法要一致,还要求将编报财务报表所采用的会计政策的变动及变动的影响告诉使用者。此外,IASB的"财务报表的质量特征"还对相关性和可靠性的制约因素进行了分解,具体包括及时性、效益和成本之间的平衡以及重要性。

第二章 财务分析的应用

第一节 财务分析概述

一、财务分析的基本概念

财务分析,是以企、事业单位财务报告所提供的财务指标及其他相关经济信息为主要依据,对企业的财务状况、经营成果及现金流量等进行剖析、解释和评价的一项经济管理活动。财务分析是人们认识、了解、观察、把握财务活动的最根本方法之一。任何经济管理都是基于人们对管理对象的认识、了解,并以其掌握客观经济活动规律而展开的。因而,财务分析是企业经济管理的重要内容和环节。企业财务分析作为分析过去、预示未来的一种基本方法,它既是企业财务管理的重要组成部分,又是企业会计核算的延续和扩展,更是会计监督的必要内容,因此,财务分析或会计报表分析是会计监管的重要内容和方法之一。

财务分析的本质应从以下几方面加以认识:①财务分析是会计和经济考核的一种基本方式,它是一项经济管理活动。②财务分析是财务管理的重要环节。通过财务分析,为企业内部管理者以及其他经济利害关系人评估企业财务状况、经营业绩和现金流量等,制定投资决策或授信决策,或为政府管理部门制定宏观经济政策、财政政策、税收政策等提供重要参考。③财务分析又是企业会计监管的重要内容与方法之一。它是会计核算的深入和延续,是会计人员用账、用表,发挥其经济管理职能的重要方面;财务分析是会计考核的重要工作之一;财务分析还是会计监督职能的重要组成部分。财务分析就是财务与会计检查、财务与会计督促。④财务分析的主要依据是企业的财务报表或财务信息披露的资料,但是又不仅仅局限于财务报表或财务信息披露的资料。财务分析的基本内容是企业的财务状况和经营状况及现金流量;财务分析的基本方法是比较、鉴别和解释。

综合上述认识,财务分析是对企、事业单位的财务状况、经营成果及现金流量等进行剖析、解释和评价的一项经济管理活动。财务管理需要进行财务分析,强化会计监管职能也需要进行财务分析,只是在某些情况下或不同时期两者的分析目的、分析角度、分析范围以及分析方法上可能有所不同而已。所以,财务分析既是财务管理的研究内容,又是会计学的研究内容。财务分析既是财务管理学科体系的内容,又是会计学科体系的内容。

二、财务分析的主体与客体

(一)财务分析的主体

1.投资人。投资人是指公司的权益投资人即普通股东。普通股东投资公司的目的是扩大自己的财富。他们所关心的有偿债能力、收益能力以及风险等。权益投资人进行财务分析,是为了回答以下几方面的问题:①公司当前和长期的收益水平高低,以及公司收益是否容易受重大变动的影响。②财务状况如何,公司资本结构决定的风险和报酬如何。③与其他竞争者相比,公司处于何种地位。

2.债权人。债权人是指借款给企业并得到企业还款承诺的人。债权人关心企业是否具有偿还债务的能力。债权人可以分为短期债权人和长期债权人。债权人的主要决策是决定是否给企业提供信用,以及是否需要提前收回债权。他们进行财务报表分析是为了回答以下几方面的问题:①公司为什么需要额外筹集资金。②公司还本付息所需资金的可能来源是什么。③公司对于以前的短期和长期借款是否按期偿还。④公司将来在哪些方面还需要借款。

3.经理人员。经理人员是指被所有者聘用的、对公司资产和负债进行管

第二章 财务分析的应用

理的个人组成的团体,有时称之为"管理当局"。经理人员关心公司的财务状况、盈利能力和持续发展的能力。经理人员可以获取外部使用人无法得到的内部信息。他们分析报表的主要目的是改善报表。

4. 政府机构有关人士。政府机构也是公司财务报表的使用人,包括税务部门、国有企业的管理部门、证券管理机构、会计监管机构和社会保障部门等。他们使用财务报表是为了履行自己的监督管理职责。

5. 其他人士。其他人士包括:职工、中介机构(审计人员、咨询人员)等。审计人员通过财务分析可以确定审计的重点,财务分析领域的逐渐扩展与咨询业的发展有关,一些国家"财务分析师"已经成为专门职业,他们为各类报表使用人提供专业咨询。

(二)财务分析的客体

财务分析的对象是企业的各项基本活动。财务分析就是从报表中获取符合报表使用人分析目的的信息,认识企业活动的特点,评价其业绩,发现其问题。企业的基本活动分为筹资活动、投资活动和经营活动三类。

筹资活动是指筹集企业投资和经营所需要的资金,包括发行股票和债券、取得借款,以及利用内部积累资金等。

投资活动是指将所筹集到的资金分配于资产项目,包括购置各种长期资产和流动资产。投资是企业基本活动中最重要的部分。

经营活动是在必要的筹资和投资前提下,运用资产赚取收益的活动,它至少包括研究与开发、采购、生产、销售和人力资源管理等五项活动。经营活动是企业收益的主要来源。

企业的三项基本活动是相互联系的,在业绩评价时不应把它们割裂开来。

财务分析的起点是阅读财务报表,终点是做出某种判断(包括评价和找出问题),中间的财务报表分析过程,由比较、分类、类比、归纳、演绎、分析和综合等认识事物的步骤和方法组成。其中分析与综合是两种最基本的逻辑思维方法。因此,财务分析的过程也可以说是分析与综合的统一。财务报表分析不同于企业分析、经营分析和经济活动分析等概念。

三、财务分析的主要内容

第一,偿债能力分析。偿债能力是指企业如期偿付债务的能力,它包括短期偿债能力和长期偿债能力。由于短期债务是企业日常经营活动中弥补营运资金不足的一个重要来源,通过上述分析有助于判断企业短期资金的营运能力以及营运资金的周转状况。通过对长期偿债能力的分析,不仅可以判断企业的经营状况,还可以促使企业提高融通资金的能力,因为长期负债是企业资本化资金的重要组成部分,也是企业的重要融资途径。而从债权人的角度看,通过偿债能力分析,有助于了解其贷款的安全性,以保其债务本息能够及时、足额地得以偿还。

第二,营运能力分析。营运能力分析主要是根据企业所运用的资产进行全面分析。分析企业各项资产的使用效果、资金周转的快慢以及挖掘资金的潜力,提高资金的使用效果。

第三,盈利能力分析。盈利能力分析主要通过将资产、负债、所有者权益与经营成果相结合来分析企业的各项报酬率指标,从而从不同角度判断企业的获利能力。

第四,现金流量分析。现金流量分析主要通过现金流量的结构分析、流动性分析、获取现金能力分析、财务弹性分析、收益质量分析等五个方面来分析评价企业资金的来龙去脉、融投资能力和财务弹性。

以上四个方面的财务分析指标中,偿债能力是财务目标实现的稳健保证,营运能力与现金流量是财务目标实现的物质基础,盈利能力是三者共同作用的结果,同时也对三者的增强起着推动作用,四者相辅相成,共同构成企业财务分析的基本内容

四、财务分析的目的

(一)财务分析的一般目的

1.掌握企业生产经营的规律性。企业的生产经营活动,随着生产的发展、业务量的大小等遵循一定的规律性。不同的行业,其生产销售具有不同

特点,对资金的占用、需求遵循不同的规律。比如,商业企业,日常现金收支量大,商品周转太频繁,而设备制造企业每笔业务资金需求量大,资金周转慢、需要的运营资金多,等等。财务分析就是要通过对有关数据进行分析从而掌握资金运动的这种规律性,做到心中有数。一个营业额为1亿元的服装公司,它的存货、流动资产、固定资产之间的合理比例应该是多少?结构不合理可能产生的问题是什么?即使在同一行业,也由于产品品种、经营规模和管理水平的不同,而对资金的需求和运用有着不同的特点和规律。财务分析,就是要掌握和认识企业生产经营中资金运动的变化规律,为企业的财务管理和生产经营服务。

2.了解企业的经营管理现状和存在的问题。企业生产经营的规律性,具体反映在财务分析指标的各项数值中。通过指标数值的比较,可以发现经营管理的问题,找出差距,为企业的经营决策服务。例如,资产负债率为85%,说明企业的资金只有15%是所有者的资金。企业现金支付能力为负,表明企业面临支付危机,必须进行短期融资活动,等等。通过财务分析,可以及时诊断企业的"健康"状况,为企业的决策和日常管理服务。

3.弄清企业的优势和弱点,做到知己知彼,为企业在市场上开展竞争和制定发展战略服务。企业的优势和弱点,反映在企业偿债能力、收益能力、发展潜力等各项指标数值上。一个服装企业,一个家电企业,或者在同一行业规模不同的企业,即使它们的年营业额和年末存货都分别是1亿元和2000万元,但它们所揭示的财务状况、经营成果和企业所具有的优势和劣势,则很不同。通过分析有关指标,可认清企业的优势和弱点,制定经营管理策略和发展战略。同时,通过比较、分析这些指标,还可弄清竞争对手的优势和弱点,以便采取有效的竞争策略。

(二)财务分析的具体目的

1.经营管理者。经营管理者对企业的经营成败负主要责任。经营管理者通过定期编制财务报表和进行财务分析,做出借款、投资、扩大生产等方面的经营决策。具体分析内容有:①企业运转是否正常主要通过对企业的资金结构、偿债能力、盈利能力及企业应对风险能力进行分析,定期检查企业的经营管理业绩。②企业经营前景如何,是否需要转产、投资或筹资。主要帮助企业经理和董事会做出正确的筹资、投资和利润分配的决策。③企业有无资金潜力可挖,如何挖潜。对企业的经营管理情况和收支情况进行预测分析和假设分析。④专题分析。监督、检查企业计划、投资、经营方案的执行情况。

2. 投资者。投资者有企业收益和剩余财产分配权,对企业的债务负有限责任。投资收益权只有在宣布分红时才能实现,而剩余财产分配权只有当企业破产清算后才能实现。由于投资各方在企业经营时不得抽走资金,因而承担着企业经营的风险。企业与投资者之间是利益共享风险共担的关系。投资者要掌握其投资的收益和风险,就要对企业的生产经营状况进行分析。投资者进行财务分析的具体目的有:①是否应该对企业投入更多资金。主要通过分析净资产及其盈利能力确定。②是否应该转让股份,抽回资金。主要分析每股盈利、股票价格变动和企业发展前景。③了解企业的经营成果。主要进行企业的生存能力和竞争能力分析。④了解企业的分利政策。为了实现投资收益,要分析企业是否要分红。

3. 债权人。债权人包括贷款银行、融资租赁出租方、企业债权持有人等。企业与债权人之间是债权资金的取得和本金及利息的偿还关系。债权人为了按期得到本金和利息,要对企业的偿债能力进行分析。具体讲:①企业财力是否充足,能否用来清偿债务。②企业的获利状况如何。③是否应该给企业贷款。④是否应该继续拥有企业债权。

4. 其他企业。企业之间由于相互提供产品和劳务而发生商业信用和结算关系,集团企业之间是相互投资、参股的联营、合作关系。为了签订供销合同或开展竞争,企业之间也要进行财务分析。具体分析目的包括:①企业财力及生产能力是否充足,能否保证长期供货。②是否应该提供销售信用。③是否应该增加收入,控制联营企业生产经营。④是否应该延长付款期。

5. 国家经济管理、税务部门和企业职工。国家制定宏观经济调控政策,通常以企业的资金运用、投资行为、产品销售、经济效益等情况为基础;企业向有关部门缴纳各项税金,应及时足额,减免税金应按要求批准,这些都以财务报表的分析为依据。企业职工为其前途担忧,也要关心企业的财务状况。他们的具体分析目标是:①企业自己资金和银行贷款情况。②企业实现利润和投资利润率。③企业职工收入和劳动就业情况。

第二节 财务分析的主要方法

一、几种常见的财务分析方法

(一)趋势分析法

趋势分析法又称水平分析法,是指通过对比两期或连续数期财务报表中的相同指标,确定其增减变动的方向、数额和幅度,以揭示企业财务状况和经营成果变动趋势的一种分析方法。采用这种方法,可以分析引起变化的主要原因、变动的性质,并预测企业未来的发展前景,趋势分析法的具体运用主要有以下三种。

1.重要财务指标的比较。重要财务指标的比较,是将不同时期财务报表中的相同指标或比率进行比较,直接观察其增减变动情况及变动幅度,考察其发展趋势,预测其发展前景。

2.会计报表的比较。会计报表的比较是将连续数期的会计报表并列起来,比较其相同指标的增减变动金额和幅度,据以判断企业财务状况和经营成果发展变化的一种方法。会计报表的比较包括资产负债表比较、利润表比较、现金流量表比较等。进行会计报表比较时,既要计算出会计报表中有关项目增减变动的绝对额,又要计算出其增减变动的百分比。

3.会计报表项目构成的比较。会计报表项目构成的比较是在会计报表比较的基础上发展而来的。它是将会计报表中的某个总体指标作为100%,再计算出各组成项目占该总体指标的百分比,然后对各个项目百分比的增减变动进行比较,以此来判断有关财务活动的变化趋势。这种方法比前述两种方法更能准确分析企业财务活动的发展趋势,它既可以用于同一企业不同时期财务状况的纵向比较,又可用于同一时期不同企业之间的横向比较。同时,这种方法能消除不同时期、不同企业之间业务规模差异的影响,有利于分析企业的耗费水平和盈利水平。

在采用趋势分析法时,必须注意以下问题:①用于对比的各个时期的指标,在计算口径上必须一致。②要将偶发性项目的影响剔除,使分析数据能反映正常的经营状况。③应对某项有显著变动的指标做重点分析,研究其发生的原因。

(二)因素分析法

因素分析法是指依据分析指标和其影响因素之间的关系,从数量上确定各因素对指标的影响程度的一种分析方法。运用这种方法的关键在于,当有若干个因素对分析指标产生影响时,假定其他各个因素都无变化,按顺序确定每一个因素单独变化所产生的影响,因素分析法具体可分为连环替代法和差额分析法。

1.连环替代法。连环替代法是将指标分解为各个可以计量的因素,并根据各个因素之间的依存关系,顺次用各因素的比较值(通常即为实际数)替代基准值(通常即为标准数或计划数),据以测定各因素对分析指标的影响。

2.差额分析法。差额分析法是连环替代法的一种简化形式,它是利用各因素的实际数和计划数之间的差额来计算各因素对指标变动影响程度的分析方法。

在采用因素分析法时,应注意以下几个问题:①分解因素的关联性。确定构成经济指标的因素,必须在客观上存在着因果关系,要能够反映形成该项指标差异的内在构成原因,否则就失去了其存在的价值。②替代因素的顺序性。替代因素时,必须按照各因素的依存关系,排列成一定的顺序并依次替代,不可随意颠倒,否则就会得出不同的计算结果。③顺序替代的连环性。因素分析法计算每一个因素变动的影响时,都必须是在前一次计算的基础上进行,并采用连环比较的方法确定因素变化的影响结果,否则就会得出错误结果。④前提条件的假定性。由于因素分析法计算的各因素变动的影响数,会因替代顺序的不同而有差异,因而这种计算带有假定性。因此,在分析计算时应力求使这种假定合乎逻辑,否则会妨碍分析的有效性。

(三)比率分析法

比率分析法是指利用财务报表中两项相关数值的比率揭示企业财务状况和经营成果的一种分析方法。

1.构成比率。构成比率又称结构比率,它是某个经济指标的各组成部分数值与总体数值的百分比,反映了部分与总体的关系。利用构成比率,可以考察总体中某个部分的形成和安排是否合理,以便协调各项财务活动。

2.效率比率。效率比率是某项经济活动中所费与所得的比率,反映投入与产出的关系。利用效率比率指标,可以进行得失比较,考察经营成果,评价经济效益。如将利润项目与销售成本、销售收入、资本等项目加以对比,可计算出成本利润率、销售利润率以及资本利润率指标,可以从不同角度观察比较企业盈利能力的高低及其增减变化情况。

3.相关比率。相关比率是以某个项目和与其有关但又不同的项目加以对比所得的比率,反映有关经济活动的相互关系。利用相关比率指标,可以考察与企业有联系的相关业务安排是否合理,以确保企业经营活动能够顺畅进行。

比率分析法的优点是计算简便,计算结果容易判断,而且可以使某些指标在不同规模的企业之间进行比较,甚至能够在一定程度上跨越行业间的差别进行比较。

(四)比较分析法

比较分析法是指通过两个或两个以上相关经济指标的对比,确定指标间的差异,并进行差异分析或趋势分析的一种分析方法。它是一种最基本、最主要的分析方法。比较的基本表达方式一般有三种,即绝对额的比较、百分数的比较和比率的比较。通过比较分析,可以发现差距,确定差异的方向、性质和大小,并找出产生差异的原因及其对差异的影响程度,以进一步改善公司的经营管理。将实际达到的结果与不同时期财务报表中同类指标历史数据相比较,确定企业的财务状况、经营状况和现金流量的变化趋势和变化规律,揭示企业的发展潜力,为企业的财务决策提供依据。

运用比较分析法时,为了检查计划或定额的完成情况,可将本企业本期实际指标与计划或定额指标相比较;若要考察企业经济活动的变动情况和变动趋势,则以本企业本期实际指标与以前各期(上期、上年同期或历史最好水平等)同类指标进行比较;如果想要确定本企业在国内外同行业中所处的水平,则可采用本企业实际指标与国内外同行业先进指标或同行业平均指标相比较的形式。总之,在实际操作中,应根据分析者的分析目的和分析对象来决定需要哪些指标、多少指标以及采用哪种比较形式。而且,用于比较的指标应具有可比性,其比较的结果才有意义。

财务分析中最常见的三种比较分析法是:财务报表的比较、重要财务指标的比较、财务报表项目构成的比较。

第三节 基本财务指标分析

财务指标分析是指总结和评价企业财务状况与经营成果的分析指标,包括偿债能力指标、运营能力指标、盈利能力指标和发展能力指标等。

一、偿债能力指标

企业的偿债能力是指企业用其资产偿还长期债务与短期债务的能力。企业有无支付现金的能力和偿还债务能力,是企业能否健康生存和发展的关键。

企业偿债能力,静态地讲,就是用企业资产清偿企业债务的能力;动态地讲,就是用企业资产和经营过程中创造的收益偿还债务的能力。

第二章 财务分析的应用

(一)短期偿债能力指标

短期偿债能力是企业偿付下一年到期的流动负债的能力,是衡量企业财务状况是否健康的重要标志。企业债权人、投资者、原材料供应单位等通常都非常关注企业的短期偿债能力。

(二)长期偿债能力指标

长期偿债能力是公司按期支付债务利息和到期偿还本金的能力。在企业正常生产经营的情况下,企业不能依靠变卖资产从而偿还长期债务,而需要将长期借款投入到回报率高的项目中得到利润来偿还到期债务。长期偿债能力主要从保持合理的负债权益结构角度出发,来分析企业偿付长期负债到期本息的能力。

二、营运能力分析

营运能力是指企业对其有限资源的配置和利用能力。

(一)应收账款周转率

$$应收账款周转率 = 当期销售净收入 \div 应收账款平均余额$$
$$= (当期销售收入 - 当期销售退回 - 当期销售折让) \div$$
$$[(期初应收账款余额 + 期末应收账款余额) \div 2]$$

这一比率反映了年度内应收账款转为现金的平均次数,说明了应收账款流动的速度。因为分子"销售收入净额"为时期数,因此分母应与之口径相同,计算该时期平均余额(未扣除坏账准备金)。

一般来说,应收账款周转率越高,平均收账期越短,说明应收账款的收回越快,资产流动性强,短期偿债能力强,可以减少坏账损失等。否则,企业的运营资金会过多地呆滞在应收账款上,影响正常的资金周转。

这种指标分析在实践中存在以下局限性:一是没有考虑应收账款的回收时间,不能准确地反映年度内收回账款的进程及均衡情况;二是当销售具有季节性时,特别是当赊销业务量各年相差较悬殊时,该指标不能对跨年度的应收账款回收情况进行连续反映;三是不能及时提供应收账款周转率信息。

该指标反映某一段时期的周转情况，只有在期末才能根据年销售额、应收账款平均占用额计算出来。

（二）存货周转率

$$存货周转率 = 主营业务成本 \div 存货平均余额$$
$$= 主营业务成本 \div [(年初存货 + 年末存货) \div 2]$$

这一比率表明了企业的销售状况及存货资金占用状况，在正常情况下，存货周转率越高，相应的周转天数越少，说明存货资金周转快，相应的利润率也就越高。存货周转慢，不仅和生产有关，而且与采购、销售都有一定联系。所以它综合反映了企业供、产、销的管理水平。

存货周转率是反映企业销售能力强弱、存货是否过量和资产是否具有较强流动性的一个指标，也是衡量企业生产经营各环节中存货运营效率的综合性指标。在实际运用中，存货计价方法对存货周转率具有较大的影响，因此，在分析企业不同时期或不同企业的存货周转率时，应注意存货计价方法是否一致。另外，为了改善资产报酬率，企业管理层可能会希望降低存货水平和周转期，有时受人为因素影响，该指标不能准确地反映存货资产的运营效率。同时，在分析中不可忽视因存货水平过高或过低而造成的一些相关成本，如存货水平低会造成失去顾客信誉、销售机会及生产延后。

（三）流动资产周转率

$$流动资产周转率 = 主营业务收入净额 \div 流动资产平均余额$$
$$= 主营业务收入净额 \div [(期初流动资产 + 期末流动资产) \div 2]$$

流动资产周转率反映流动资产的周转速度。周转速度快，会相对节约流动资产，等于相对扩大资产投入，增强企业盈利能力；而延缓周转速度，需要补充流动资产参加周转，造成资金浪费，降低企业盈利能力。该指标越高，说明企业流动资产的利用效率越好。

值得注意的是，流动资产周转率要结合存货、应收账款一并进行分析，和反映盈利能力的指标结合在一起使用，可全面评价企业的盈利能力。因此，需要注意以下几个问题：①流动资产周转率反映了企业流动资产的周转速度,是从企业全部资产中流动性最强的流动资产角度对资产的利用效率进行分析,以进一步揭示影响资产质量的主要因素。②该指标将主营业务收入净额与资产中最具活力的流动资产相比较,既能反映一定时期流动资产的周转速度和使用效率,又能进一步体现每单位流动资产实现价值补偿的高与低,以及补偿速度的快与慢。③要实现该指标的良性变动,应以主营业务收入增幅高于流动资产增幅作保证。在企业内部,通过对该指标进行分析对比,一方面可以促进加强内部管理,充分有效地利用其流动资产,如降低成本、调动暂时闲置的货币资金创造收益等;另一方面也可以促进企业采取措施扩大生产或服务领域,提高流动资产的综合使用效率。④一般情况下,该指标越高,表明企业流动资产周转速度越快,利用越好。在较快的周转速度下,流动资产会相对节约,其意义相当于流动资产投入的扩大,在某种程度上增强了企业的创收能力;而周转速度慢,则需补充流动资金参加周转,形成资金浪费,降低企业创收能力。

(四)总资产周转率

总资产周转率 = 主营业务收入净额 ÷ 平均资产总额

总资产周转率是综合评价企业全部资产的经营质量和利用效率的重要指标。周转率越大,说明总资产周转越快,反映出企业的销售能力越强。

总资产周转率综合反映了企业整体资产的营运能力,一般来说,资产的周转次数越多或周转天数越少,表明其周转速度越快,营运能力也就越强。在此基础上,应进一步对各个构成要素进行分析,以便查明总资产周转率升降的原因。企业可以通过薄利多销的办法,加速资产的周转,带来利润绝对额的增加。存货周转率分析的目的是从不同的角度和环节上找出存货管理中的问题,使存货管理在保证生产经营连续性的同时,尽可能少占用经营资金,提高资金的使用效率,增强企业短期偿债能力,促进企业管理水平的提高。

第三章 财务战略与预算

第一节 财务战略

一、财务战略的含义和特征

(一)财务战略的含义

战略源于军事领域,是对战争或重大战役的全局性谋划。企业战略是企业为实现整体价值,筹划企业所拥有的资源,对一系列长远或重大行动的动态统筹。

财务战略是在企业总体战略目标的统筹下,以价值管理为基础,以实现企业财务管理目标为目的,以实现企业财务资源的优化配置为衡量标准,所采取的战略性思维方式、决策方式和管理方针。财务战略是企业总体战略的重要组成部分,企业战略需要财务战略来支撑。[1]

(二)财务战略的特征

财务战略的特征主要有:①全局性财务战略是为企业的筹资、投资、营运和股利分配等财务活动整体制定的,对企业未来长期财务规划和年度财务预算具有全局性指导作用。②长期性财务战略是为了谋求企业未来的长远发展,对企业未来相当长时期内的财务活动做出战略性筹划。③导向性财务战略规定了企业未来长期财务活动的发展方向、基本目标以及实现目标的基本途径,为企业财务预算提供方向性指引。

---

[1]叶兰. 新时期国有企业的财务管理策略[J]. 经济学,2023,6(1):7—10.

二、财务战略的分类

企业财务战略的类型可以从职能财务战略和综合财务战略两个角度来认识。

(一)财务战略的职能类型

企业的财务战略涉及企业财务管理的职能。因此,财务战略按照财务管理的职能领域可分为投资战略、筹资战略、营运战略、股利战略。

1.投资战略。投资战略是涉及企业长期、重大投资方向的战略性筹划。企业重大的投资行业、投资企业、投资项目等战略性筹划,均属于投资战略问题。

2.筹资战略。筹资战略是涉及企业重大筹资方向的战略性筹划。企业重大的首次发行股票、增资发行股票、发行大笔债券、与银行建立长期合作关系等战略性筹划,均属于筹资战略问题。

3.营运战略。营运战略是涉及企业营运资本的战略性筹划。企业重大的营运资本策略、与重要供应商或客户建立长期商业信用关系等战略性筹划,均属于营运战略问题。

4.股利战略。股利战略是涉及企业长期、重大分配方向的战略性筹划。企业重大的留用利润方案、股利政策的长期安排等战略性筹划,均属于股利战略问题。

(二)财务战略的综合类型

企业的财务战略往往涉及企业财务资源的总体配置和长期筹划。根据企业的实际经验,财务战略的综合类型一般可以分为扩张型财务战略、稳健型财务战略、防御型财务战略和收缩型财务战略。

1.扩张型财务战略。扩张型财务战略一般表现为长期内迅速扩大投资规模,保留全部或大部分利润,大量筹措外部资本。

2.稳健型财务战略。稳健型财务战略一般表现为长期内稳定增长的投资规模,保留部分利润,内部留利与外部筹资相结合。

3.防御型财务战略。防御型财务战略一般表现为保持现有投资规模和投资收益水平，保持或适当调整现有资产负债率和资本结构水平，维持现行的股利政策。

4.收缩型财务战略。收缩财务战略一般表现为维持或缩小现有投资规模，分发大量股利，减少对外筹资，甚至通过偿债和股份回购归还投资。

三、财务战略分析的方法

财务战略分析是通过对企业外部环境和内部条件的分析，全面评价与财务资源相关的企业外部的机会与威胁、企业内部的优势与劣势，形成企业财务战略决策的过程。财务战略分析的方法主要是SWOT分析法。

(一)SWOT分析法的含义

SWOT分析法由麦肯锡咨询公司开发，主要分析研究企业内外的优势和劣势、机会和威胁，其英文分别为strengths、weaknesses、opportunities、threats，取其首字母组合而得名。

(二)SWOT的因素分析

从财务战略的角度而言，SWOT分析法涉及企业的外部财务环境和内部财务条件等众多的财务因素，需要经过分析判断，找出主要的财务因素，并将其区分为内部财务优势、内部财务劣势、外部财务机会和外部财务威胁。

1.企业外部财务环境的影响因素分析。关于企业外部的财务环境方面的因素，在前面的章节中已有基本介绍，这里仅将对财务战略具有重要影响的主要财务因素简要归纳分析如下：①产业政策。例如，产业发展的规划、产业结构的调整政策、鼓励或限制发展产业的政策，这些产业政策及其调整，往往会直接影响企业投资的方向、机会和程度，从而影响企业财务战略的选择。②财税政策。例如，积极或保守的财政政策、财政信用政策、财政贴息政策，税收的总体负担水平、行业和地区的税收优惠政策，这些产业政策及其调整，往往会直接或间接地影响企业投资和筹资的方向、机会及程度，从而影响企业财务战略的选择。③金融政策。例如，货币政策、汇率政策、利率政策、资本市场政策,以及比较紧缩或宽松的金融政策,这些金融政策及其调整,往往会直接或间接地影响企业投资和筹资的方向、机会及程度,从而影响企业财务战略的选择。④宏观周期。例如,宏观的经济周期、产业周期和金融周期所处的阶段,都需要企业加以科学分析和判断,以选择和调整与宏观周期相匹配的财务战略。

2.企业内部财务条件的影响因素分析。对财务战略具有重要影响的主要财务因素简要归纳如下:①企业生命周期和产品寿命周期所处的阶段。②企业的盈利水平。③企业的投资项目及其收益状况。④企业的资产负债规模。⑤企业的资本结构及财务杠杆利用条件。⑥企业的流动性状况。⑦企业的现金流量状况。⑧企业的筹资能力和潜力等。

上述企业内部财务条件的因素,将直接支撑或限制企业财务战略的决策选择。

3.SWOT因素的定性分析。运用SWOT分析法,需要经过定性判断,对SWOT因素进行定性分析,将企业内部的财务条件因素和企业外部财务环境因素分别归为内部财务优势与劣势和外部财务机会与威胁:①内部财务优势。例如,企业的盈利水平较高、资本结构比较合理、现金流量比较充足,这些因素属于企业内部的财务优势因素,为财务战略选择提供有利的条件。②内部财务劣势。例如,企业的资产负债率过高、流动比率大幅度下降、债务筹资能力受限,这些因素属于企业内部的财务劣势,将限制企业财务战略选择的余地。③外部财务机会。例如,国家货币政策宽松、债券利率下调、直接融资渠道多样,这些因素属于企业外部的财务机会或机遇,能为企业财务战略的选择提供更大的空间。④外部财务威胁。例如,企业发行债券筹资受到严格控制、竞争对手正在准备扩大筹资,这些因素属于企业外部的财务威胁或挑战,将制约企业财务战略的选择。

四、财务战略的选择

在相关分析的基础上,选择财务战略还需要明确一些基本依据,采取一定的方式。

(一)财务战略选择的依据

企业的财务战略要适应内外部环境的变化,具有防范未来风险的意识,着眼于企业未来长期稳定的发展。企业财务战略选择必须考虑经济周期波动情况、企业所处的发展阶段和企业增长方式,并及时进行调整,以保持旺盛的生命力。

1.财务战略的选择必须与宏观经济周期相适应。现代经济发展的周期性是以工商业为主体的经济总体发展过程中不可避免的现象,是经济系统存在和发展的重要特征。我国经济周期的直观表现是周期长度不规则,发生频率高。有学者测算,过去我国经济周期的平均长度为4~6年,波动幅度大;经济周期的波动呈收敛趋势,周期长度在拉长,波动幅度在减小;经济周期的各个阶段呈现出不同的特征,在高涨阶段总需求迅速膨胀,在繁荣阶段过度繁荣,在衰退阶段进行紧缩性经济调整,严格控制总需求。

从企业财务的角度来看,经济的周期性波动要求企业顺应经济周期的过程和阶段,通过制定和选择富有弹性的财务战略来抵御大起大落的经济震荡,以减轻经济震荡对财务活动的影响,特别是减少经济周期中上升和下降的波动对财务活动的消极影响。财务战略的选择和实施要与经济运行周期相配合:①在经济复苏阶段适宜采取扩张型财务战略。主要举措包括增加厂房设备、采用融资租赁、建立存货、开发新产品、增加劳动力等。②在经济繁荣阶段适宜先采取扩张型财务战略,再转为稳健型财务战略。主要举措包括扩充厂房设备、采用融资租赁、继续建立存货、提高产品价格、开展营销策划、增加劳动力。③在经济衰退阶段应采取防御型财务战略。主要举措包括停止扩张、出售多余的厂房设备、停产无利润的产品、停止长期采购、削减存货、减少雇员。④在经济萧条阶段,特别是经济处于低谷时期时,应采取防御型和收缩型财务战略。主要举措包括建立投资标准、保持市场份额、压缩管理费用、放弃次要的财务利益、削减存货、减少临时性雇员。

2.财务战略的选择必须与企业发展阶段相适应。每个企业的发展都要经过一定的发展阶段。典型的企业一般要经过初创期、扩张期、稳定期和衰退期四个阶段。不同的发展阶段应该有不同的财务战略与之相适应。企业应当分析自身所处的发展阶段，采取相应的财务战略。

在初创期，现金需求量大，需要大规模举债经营，因而存在很大的财务风险，一般采用股票股利政策。

在扩张期，虽然现金需求量大，但是以较低幅度增长，财务风险仍然很高，一般采用低现金股利政策。因此，在初创期和扩张期，企业应采取扩张型财务战略。

在稳定期，现金需求量有所减少，一些企业可能有现金结余，财务风险降低，通常采用现金股利政策。在稳定期，企业一般采取稳健型财务战略。

在衰退期，现金需求量持续减少，最后遭受亏损，财务风险降低，一般采用高现金股利政策。在衰退期，企业应采取防御型和收缩型财务战略。

3.财务战略的选择必须与企业经济增长方式相适应。长期以来，低水平重复建设与单纯数量扩张的经济增长，是我国经济增长的主要方式。这种增长方式在短期内容易见效，表现出短期高速增长的特征。但是，由于缺乏相应的技术水平和资源配置能力的配合，企业生产能力和真正的长期增长实际上受到了制约，因此企业经济增长的方式客观上要求实现从粗放型增长向集约型增长的根本转变。为适应这种转变，财务战略需要从两方面进行调整。

一方面，调整企业财务投资战略，加大基础项目的投资力度。企业经济真正的长期增长要求提高资源配置能力和效率，而资源配置能力和效率的提高取决于基础项目的发展。虽然基础项目在短期内很难带来较大的财务利益，但是它为长期经济的发展提供了重要的基础。因此，企业在财务投资的规模和方向上要实现基础项目相对于经济增长的超前发展。

另一方面，加大财务制度创新力度。通过建立与现代企业制度相适应的现代企业财务制度，既可以对追求短期数量增长的冲动形成约束，又可以强化集约经营与技术创新的行为取向；通过明晰产权，从企业内部抑制掠夺性经营的冲动；通过以效益最大化和本金扩大化为目标的财务资源配置，限制高投入、低产出对资源的耗用，使企业经营集约化、高效率得以实现。

(二)财务战略选择的方式

在企业发展的不同阶段,企业外部环境中的风险因素和企业内部拥有各项资源的情况不同,因此,企业需要根据自身的目标采取不同的财务战略。即便处于同一周期阶段,内外部条件不同的企业根据自身的目标也会采取不同类型的财务战略。根据企业发展周期不同阶段的特点,企业确定财务战略一般有以下几种方式。

1.引入期财务战略的选择。这个阶段企业产品处于研发投入期,没有形成收入和利润能力,产品市场尚未形成,企业面临的经营风险很大。因此,财务战略的关键是吸纳股权资本,筹资战略是筹集股权资本,股利战略是不分红,投资战略是不断增加对产品开发推广的投资。

2.成长期财务战略的选择。这个阶段企业产品成功推向市场,销售规模快速扩大,利润大幅增长,超额利润明显,产品市场快速增长并吸引了更多的竞争者,企业的经营风险略有降低。此阶段企业以促进销售增长、快速提高市场占有率为战略重点,与之相匹配的财务战略是积极扩张型财务战略,其关键是实现企业的高增长与资金的匹配,保持企业可持续发展。筹资战略是尽量利用资本市场大量增加股权资本,适度引入债务资本。股利战略仍旧是不分红或少量分红。投资战略是对核心业务大力追加投资。有些企业在股权资本不足以支撑高速发展的时候,更多地利用债务资本,这种筹资方式只能作为短期的财务政策,不能成为该阶段的财务战略,否则很可能引发企业的财务危机。

3.成熟期财务战略的选择。这个阶段企业销售稳定增长,利润多且较为稳定,由于竞争加剧,超额利润逐渐减少甚至消失,追加投资的需求减少,企业战略重心转为对盈利能力的关注。与之相匹配的财务战略是稳健型财务战略,其关键是处理好日益增加的现金流量。筹资战略可以调整为以更多低成本的债务资本替代高成本的股权资本。股利战略调整为实施较高的股利分配,将超过投资需求的现金返还给股东。在投资战略上,企业可以利用充裕的现金流量,围绕核心业务拓展新的产品或市场,进行相关产品或业务的并购,但需要防止由于盲目多元化造成企业竞争力下降。

4. 衰退期财务战略的选择。这个阶段企业产品市场需求逐渐衰退,销售开始下滑,企业利润下滑甚至出现亏损,如果此时企业未进入新的产品市场或者实现转型,则不再需要更多投资。此阶段企业的战略重心是收回投资,或通过并购扩大市场占有率,延缓衰退期的到来。企业财务战略是收缩型财务战略,其关键是收回现有投资,并将退出的投资现金流量返还给投资者。财务管理战略上采用的是不再进行筹资和投资,全额甚至超额发放股利,将股权资本退出企业,最终实现企业的正常终止。

第二节 全面预算体系

一、全面预算的含义及特点

(一)全面预算的含义

全面预算是企业根据战略规划、经营目标和资源状况,运用系统方法编制的企业经营、资本、财务等一系列业务管理标准和行动计划,据以进行控制、监督和考核、激励。

企业的全面预算一般包括营业预算、资本预算和财务预算三大类。其中,营业预算和财务预算主要为预算期在1年以内的短期预算,如年度预算、季度预算和月度预算;资本预算主要为预算期在1年以上的长期预算。

(二)全面预算的特点

全面预算是企业的总体计划,涉及企业的方方面面,有以下特征:①以战略规划和经营目标为导向。全面预算应体现企业长期发展的阶段性,围绕企业不同发展阶段的经营目标设计资产、负债、收入、成本、费用、利润、投资、筹资等核心指标。②以业务活动环节及部门为依托。全面预算必须结合企业的业务活动,落实到企业业务活动的各个环节和各个部门。③以人、财、物等资源要素为基础。全面预算是对企业全部资源要素进行合理有效配置。④与管理控制相衔接。全面预算实际上是系统的管理控制制度和过程。一方面,全面预算为管理控制制定行为标准;另一方面,全面预算的目标需要通过有效的管理控制来实现。

二、全面预算的构成

企业的全面预算主要由营业预算、资本预算和财务预算构成。

(一)营业预算的构成

营业预算,又称经营预算,是企业日常经营业务的预算,属于短期预算。营业预算通常与企业经营业务环节相结合。营业预算一般包括营业收入预算、营业成本预算、期间费用预算等。

(二)资本预算的构成

资本预算是企业长期投资和长期筹资业务的预算,属于长期预算。资本预算包括长期投资预算和长期筹资预算。

(三)财务预算的构成

财务预算包括企业财务状况、经营成果和现金流量的预算,属于短期预算。财务预算是企业的综合预算。为便于与企业财务会计报表相比较,财务预算一般包括现金预算、利润预算、财务状况预算等。

总之,全面预算是由一系列预算构成的体系,各项预算之间相互联系,关系比较复杂。企业根据长期市场预测和生产能力,编制长期销售预算,以此为基础确定年度的销售预算,并根据企业财力确定资本支出预算。销售预算是编制年度预算的起点,按照以销定产的原则编制生产预算,同时编制销售费用预算。生产预算的编制,除考虑计划销售量外,还要考虑现有存货和年末存货。根据生产预算来确定直接材料费用、直接人工费用和制造费用预算以及材料采购预算。产品成本预算和现金流量预算(或现金预算)是有关预算的汇总。利润预算和财务状况预算是全面预算的综合。

三、全面预算的作用

全面预算是企业未来的系统规划,对企业未来的发展和业务工作具有重要的作用,主要表现在以下几方面:①落实企业长期战略目标规划。规划企业的全面预算要与长期战略目标及规划相衔接,企业长期战略目标规划需要通过各期的全面预算分期落实、分步实现。②明确业务环节和部门的目标。全面预算是企业未来的总体计划。企业通过全面预算,分解落实企业的总体和综合目标,为其业务活动的各个环节和部门规定预期目标和责任,为各个业务环节和部门开展业务工作指明方向。③协调业务环节和部门的行动。全面预算是企业未来的行动计划。企业通过全面预算,合理设计预算指标体系,注重预算指标之间的相互衔接,整合规划企业各种资源,协调业务活动的各个环节和部门的工作计划和职责,指导各个业务环节和部门开展业务工作。④控制业务环节和部门的业务。全面预算为企业各个业务环节和部门设定了一系列管理标准,用于业务过程的实际结果与预算标准的比较分析。⑤考核业务环节和部门的业绩。全面预算是企业各个业务环节和部门以及全体员工业绩考核的基本标准,也是实施激励的重要依据。

四、全面预算的依据

企业在全面预算的过程中,需要分析研究企业内部和外部的各种情况和因素,充分考虑全面预算的有效依据,主要有宏观经济周期、企业发展阶段、企业战略规划、企业经营目标、企业资源状况和企业组织结构。

(一)宏观经济周期

实践表明,宏观经济周期对企业具有重大的影响。宏观的周期包括经济周期、产业周期、消费周期、利率周期等,它们均有各种波动变化,企业必须研究各种周期的波动状态,在全面预算尤其是资本预算中采取有效的应对措施。

(二)企业发展阶段

一个企业往往要经历一定的发展历程,在一定时期处于一定的发展阶段。企业必须准确把握所处的具体发展阶段,在全面预算尤其是资本预算中密切结合本身的发展阶段,制定科学合理的全面预算。

(三)企业战略规划

全面预算应围绕企业战略规划,分期落实企业战略目标,逐步实现企业的长期发展。

(四)企业经营目标

全面预算必须以企业经营目标为直接和主要的指导依据,将企业预算期的总体经营目标进行具体化和系统化的分解落实。

(五)企业资源状况

企业的资源状况是全面预算的客观依据。企业制定全面预算必须分析企业内部现有人、财、物等各种资源的规模及分布状况,研究企业从外部市场获取资源的潜力,保证全面预算具备可获得和可使用的资源支撑。

(六)企业组织结构

企业内部的组织结构是全面预算的基本依托,科学合理的组织结构是落实预算目标、明确管理责任、协调业务工作的重要保障。为有效实施全面预算,必要时企业可以改进内部组织结构的设计。

五、全面预算的组织与程序

为有效编制和实施全面预算,企业需要设立预算委员会和预算管理部,赋予相应的职责,并设计预算工作程序。

(一)全面预算的组织

1.预算委员会。企业应当设立预算委员会或预算领导小组,履行有关预算的职责,主要包括:①拟定企业预算编制与管理的原则和目标。②审议企业预算方案及其调整方案。③协调解决企业全面预算编制和执行中的重大问题。④根据预算执行结果提出考核和奖惩意见。

2.预算管理部。企业应当设立预算管理部或计划财务部,负责组织全面预算的编制、报告、执行和日常监控工作。预算管理部应当履行以下主要职责:①组织企业预算的编制、审核、汇总工作。②组织下达预算,监督企业预算执行情况。③制定企业预算调整方案。④协调解决企业预算编制和执行中的有关问题。⑤分析和考核企业内部各业务部门及所属子公司的预算完成情况。

(二)全面预算的程序

企业编制全面预算应当遵循以下基本工作程序:①企业预算委员会及预算管理部应于每年9月底以前提出下一年度本企业预算总体目标。②企业所属各级预算执行单位根据企业预算总体目标,结合本单位的实际情况,于每年第四季度上报本单位下一年度预算目标。③企业预算委员会及预算管理部对各级预算执行单位的预算目标进行审核汇总并提出调整意见,经董事会会议或总经理办公会议审议后下达各级预算执行单位。④企业所属各级预算执行单位应当按照下达的预算目标,于每年年底以前上报预算。⑤企业在对所属各级预算执行单位预算方案审核、调整的基础上,编制企业总体预算。

第三节 筹资数量的预测

一、筹资数量预测的依据

企业的经营和投资业务的资本需要额是筹资数量的依据,必须科学合理地进行预测。开展企业筹资数量预测的基本目的是:保证企业经营和投资业务的顺利进行,使筹集的资本既能保证满足经营和投资的需要,又不会有太多闲置,从而促进企业财务管理目标的实现。[1]

---

[1] 王朝辉,谢佩帛. 销售百分比法下企业筹资的预测分析[J]. 中国乡镇企业会计, 2019(4):2.

影响企业筹资数量的条件和因素有很多,如法律方面的限定、企业经营和投资的规模等。归纳起来,企业筹资数量预测的基本依据如下。

(一)法律方面的限定

1.注册资本限额的规定。例如,公司法规定,股份有限公司注册资本的最低限额为人民币500万元,公司在考虑筹资数量时首先必须满足注册资本最低限额的要求。

2.企业负债限额的规定。例如,公司法规定,公司累计债券总额不超过公司净资产额的40%,这是为了保证公司的偿债能力,进而保障债权人的利益。

(二)企业经营和投资的规模

一般而言,企业经营和投资的规模越大,所需资本越多;反之,所需资本越少。在企业筹划重大投资项目时,需要进行专项的筹资预算。

(三)其他因素

利息率的高低、对外投资规模的大小、企业资信等级的优劣等,都会对筹资数量产生一定的影响。

二、筹资数量的预测:因素分析法

因素分析法是筹资数量预测的一种比较简单的方法。下面主要说明因素分析法的原理、运用以及需要注意的问题。

(一)因素分析法的原理

因素分析法又称分析调整法,是以有关资本项目上年度的实际平均需要量为基础,根据预测年度的经营业务和加速资本周转的要求进行分析调整,来预测资本需要额的一种方法。这种方法计算比较简单,容易掌握,但预测结果不太精确,因此通常用于估算企业全部资本的需要额,也可以用于对品种繁多、规格复杂、用量较小、价格较低的资本占用项目的预测。在采用这种方法时,首先应在上年度资本实际平均占用额的基础上,剔除其中呆滞积压

第三章 财务战略与预算

等不合理占用部分；然后根据预测期的经营业务和加速资本周转的要求进行测算。

(二)因素分析法的运用

根据因素分析法的基本模型，收集有关资料，就可以对筹资数量进行预测。

(三)运用因素分析法需要注意的问题

因素分析法比较简单，预测结果不太精确。因此，运用因素分析法预测筹资数量时，应当注意以下问题：①在运用因素分析法时，应当对决定资本需要额的众多因素进行充分的分析与研究，确定各种因素与资本需要额之间的关系，以提高预测的质量。②因素分析法限于对企业经营业务资本需要额的预测，当企业存在新的投资项目时，应根据新投资项目的具体情况单独预测其资本需要额。③运用因素分析法匡算企业全部资本的需要额，这只是对资本需要额的一个基本估计。在进行筹资预测时，还需要采用其他预测方法对资本需要额进行具体的预测。

三、筹资数量的预测：回归分析法

回归分析法是筹资数量预测的一种较为复杂的方法。下面主要说明回归分析法的原理、运用以及需要注意的问题。

(一)回归分析法的原理

回归分析法是先基于资本需要额与营业业务量(如销售数量、销售收入)之间存在线性关系的假定建立数学模型，然后根据历史有关资料，用回归直线方程确定参数，预测资金需要额的方法。

不变资本，是指在一定的营业规模内不随业务量变动的资本，主要包括为维持营业而需要的最低数额的现金、原材料的保险储备、必要的成品或商品储备，以及固定资产占用的资本。可变资本，是指随营业业务量变动而同比例变动的资本，一般包括最低储备以外的现金、存货、应收账款等所占用的资本。

(二)运用回归分析法需要注意的问题

运用回归分析法预测筹资数量,应当注意以下问题:①资本需要额与营业业务量之间的线性关系应符合历史实际情况,预期未来这种关系将保持下去。②应当考虑价格等因素的变动情况。在预期原材料、设备的价格和人工成本发生变动时,应相应调整有关预测参数,以取得比较准确的预测结果。

四、筹资数量的预测:营业收入比例法

营业收入比例法是筹资数量预测的一种最为复杂的方法。下面主要说明营业收入比例法的原理和运用。

(一)营业收入比例法的原理

营业收入比例法是根据营业业务量与预计资产负债表和预计利润表中项目之间的比例关系,预测各项目资本需要额的方法。

营业收入比例法的主要优点是能为财务管理提供短期预计的财务报表,以适应外部筹资的需要,且易于使用。但这种方法也有缺点,倘若有关项目与营业收入的比例不符,据此进行预测就会形成错误的结果。因此,在有关因素发生变动的情况下,必须相应地调整原有的销售百分比。

(二)营业收入比例法的运用

运用营业收入比例法,一般要借助预计利润表和预计资产负债表。通过预计利润表预测企业留用利润这种内部筹资的增加额;通过预计资产负债表预测企业资本需要额和外部筹资的增加额。

1.编制预计利润表,预测留用利润。预计利润表是运用营业收入比例法的原理,预测留用利润的一种预计报表。编制预计利润表的主要步骤如下:①收集基期实际利润表资料,计算确定利润表各项目与营业收入的比例。②取得预测年度营业收入预计数,以此预计营业收入和基期实际利润表各项目与实际营业收入的比例,计算年度预计利润表各项目的预计数,并编制年度预计利润表。③利用年度税后利润预计数和预定的留用比例,测算留用利润的数额。

2.编制预计资产负债表,预测外部筹资。预计资产负债表是运用营业收入比例法的原理预测外部筹资额的一种报表。预计资产负债表与实际资产负债表的内容、格式相同。通过提供预计资产负债表,可预测资产、负债及留用利润有关项目的数额,进而预测企业需要外部筹资的数额。

运用营业收入比例法要选定与营业收入保持基本不变比例关系的项目。这类项目可称为敏感项目,包括敏感资产项目和敏感负债项目。其中,敏感资产项目一般包括现金、应收账款、存货等项目;敏感负债项目一般包括应付账款、应交税费等项目。应收票据、固定资产、长期股权投资、递延所得税资产、短期借款、应付票据、非流动负债和股本(实收资本)通常都不属于敏感项目,留用利润也不宜列为敏感项目,因其受到企业所得税税率和股利政策的影响。

3.按预测模型预测外部筹资额。以上介绍了如何运用预计资产负债表预测外部筹资额的过程。为简便起见,也可改用预测公式预测需要追加的外部筹资额。

第四节 财务预算

一、利润预算

利润预算是企业预算期营业利润、利润总额和税后利润的综合预算。

(一)利润预算的内容

利润是企业一定时期经营成果的综合反映,构成内容比较复杂,利润预算主要包括:营业利润预算、利润总额预算、税后利润预算和每股收益预算。

1.营业利润预算。企业一定时期的营业利润包括营业收入、营业成本、期间费用、投资收益等项目。因此,营业利润预算包括营业收入、营业成本、期间费用、投资收益等项目的预算。

2.利润总额预算。在营业利润预算的基础上,利润总额预算还包括营业外收入和营业外支出的预算。

3.税后利润预算。在利润总额预算的基础上,税后利润预算还包括所得税的预算。

4.每股收益预算。在税后利润预算的基础上,每股收益预算包括基本每股收益和稀释每股收益的预算。

(二)利润预算表的编制

利润预算是企业的一种综合性预算,是在营业收入预算、产品成本预算、销售费用预算、管理费用预算、财务费用预算、资本预算等基础上汇总编制的。利润预算通常按年度编制,可以分季度反映,也可按业务、产品分别编制部分利润预算,再汇总编制企业整体的利润预算。

为便于与财务会计上的利润表相比较,评价利润预算的实现情况,财务管理上的利润预算表可以采用年度利润表的格式。

二、财务状况预算

财务状况预算,又称资产负债表预算,是企业预算期资产、负债和所有者权益的规模及分布的预算。与上述其他预算相比,财务状况预算是综合性最强的预算。通过财务状况预算,企业全面规划预算期资产、负债和所有者权益的规模及分布的预算安排。此外,财务状况预算还在一定程度上反映企业预算期多种财务结构的预算安排。

在上述有关预算或预测的基础上,下面主要讲述财务状况预算的内容和财务状况预算表的编制。

(一)财务状况预算的内容

财务状况预算是最为综合的预算,其构成内容全面且复杂。主要包括:短期资产预算、长期资产预算、短期债务资本预算、长期债务资本预算和股权资本预算。

1.短期资产预算。企业一定时点的短期资产主要包括现金、应收票据、应收账款、存货等项目。因此,短期资产预算主要包括现金(货币资金)、应收票据、应收账款、存货等项目的预算。

2.长期资产预算。企业一定时点的长期资产主要包括持有至到期投资、长期股权投资、固定资产、无形资产等项目。因此,长期资产预算主要包括持有至到期投资、长期股权投资、固定资产、无形资产等项目的预算。

3.短期债务资本预算。企业一定时点的短期债务资本主要包括短期借款、应付票据、应付账款等项目。因此,短期债务资本预算主要包括短期借款、应付票据、应付账款等项目的预算。

4.长期债务资本预算。企业一定时点的长期债务资本主要包括长期借款、应付债券等项目。因此,长期债务资本预算主要包括长期借款、应付债券等项目的预算。

5.股权资本预算。企业一定时点的股权资本(权益资本)主要包括股本(实收资本)、资本公积、盈余公积和未分配利润等项目。因此,股权资本的预算主要包括股本(实收资本)、资本公积、盈余公积和未分配利润等项目的预算。

(二)财务状况预算表的编制

财务状况预算是在基期实际资产负债表的基础上,根据预算期营业预算、投资预算和筹资预算以及利润预算等有关资料汇总调整编制而成的。财务状况预算通常按年度编制,也可以分季度、半年度编制。在企业存在事业部和子公司的情况下,应当按事业部和子公司分别编制财务状况预算,并汇总编制企业整体的财务状况预算。

为便于与财务会计上的资产负债表进行比较,评价财务状况预算的实现情况,财务管理上的财务状况预算表可以采用资产负债表的格式。其中,财务状况预算中的短期资产和长期资产分别相当于流动资产和非流动资产,短期债务资本和长期债务资本分别相当于流动负债和非流动负债,股权资本相当于股东权益。

财务状况预算还在一定程度上反映企业预算期多种财务结构的预算安排。企业与财务状况有关的财务结构主要有：资产期限结构（流动资产与非流动资产的结构）、债务资本期限结构（流动负债与非流动负债的结构）、全部资本属性结构（负债与股东权益的结构）、长期资本属性结构（非流动负债与股东权益的结构）和股权资本结构（永久性股东权益与非永久性股东权益的结构。其中,永久性股东权益包括实收资本、资本公积和盈余公积,非永久性股东权益即未分配利润）。

第四章 财务报表

第一节 财务报表概述

一、财务报表的含义和作用

财务报表是会计要素确认、计量的结果和综合性描述,是对外提供的反映企业某一特定日期财务状况和某一会计期间经营成果、现金流量等会计信息的文件。财务报表是会计核算过程的最终结果,也是会计核算工作的阶段性总结。

财务报表编制和提供有着重要的意义:①财务报表可以反映企业管理层受托责任的履行情况,并为企业加强和改善经营管理提供重要依据。②投资者等报表使用者通过全面阅读和综合分析财务报表,可以了解和掌握企业过去和当前的状况,预测企业的未来发展趋势,从而做出相关决策。此外,国家经济管理部门为进行宏观调控和管理,需要各单位财务报表所提供的重要信息。国有企业、国有控股的或者占主导地位的企业,应当至少每年一次向本企业的职工代表大会公布财务报表。一套完整的财务报表至少应当包括"四表一注",即资产负债表、利润表、现金流量表、所有者权益(或股东权益)变动表以及附注。

会计信息是指会计单位通过财务报表、财务报告或附注等形式向投资者、债权人或其他信息使用者揭示单位财务状况、经营成果和现金流量的信息。财务会计报告又称财务报告,是指企业对外提供的反映企业某一特定日期财务状况和某一会计期间经营成果、现金流量等会计信息的书面文件,财务会计报告包括会计报表及其附注和其他应当在财务会计报告中披露的相关信息和资料。

编制财务会计报告的目的是为财务报告的预期使用人提供经营决策有关的会计信息。财务报告的预期使用人，主要包括：企业的投资人、债权人、政府及其相关机构、管理者、企业职工、潜在投资者。财务报告的作用主要表现在以下四个方面：①财务报告有助于投资者和债权人等进行合理的决策。②财务报告反映企业管理当局受托经济责任的履行情况。③财务报告能够帮助企业管理当局改善经营管理，协调企业与相关利益集团的关系，促进企业快速、稳定地发展。④财务报告能够帮助国家有关部门实现其经济与社会目标，并进行必要的宏观调控，促进社会资源有效配置。

二、财务报表列报的基本要求

(一)依据各项会计准则确认和计量的结果编制财务报表

财务报表是企业向股东、社会管理机构、债权人和潜在投资者及一般公众提供信息和向委托者述职的主要方式，只有遵循会计准则，才可能使报表得到普遍理解和信赖，从而使报表的使用者做出相应决策。

企业应当在附注中对财务报表的编制是否遵循会计准则做出声明，且不应以在附注中披露代替对交易和事项的确认和计量。

(二)以持续经营为列报基础

持续经营是会计的基本前提，是会计确认、计量及编制财务报表的基础。企业会计准则规范的是持续经营条件下企业对所发生交易和事项进行确认、计量及报表列报。

在编制财务报表的过程中，企业管理层应当对企业持续经营能力进行评价，在附注中披露导致对持续经营能力产生重大怀疑的重要的不确定因素。

(三)项目列报遵循重要性原则

财务报表是通过对大量的交易或其他事项进行处理而生成的，这些交易或其他事项按其性质或功能汇总归类而形成财务报表中的项目。关于项目在财务报表中是单独列报还是合并列报,应当依据重要性原则来判断。

"重要性"是指如果财务报表某项目的省略或错报会影响使用者据此做出经济决策的,该项目就具有重要性。企业在进行重要性判断时,应当根据所处环境,从项目的性质和金额大小两方面予以判断:一方面,应当考虑该项目的性质是否属于企业日常活动、是否对企业的财务状况和经营成果具有较大影响等;另一方面,判断项目金额大小的重要性当通过单项金额占资产总额、负债总额、所有者权益总额、营业收入总额、净利润等相关项目金额的比重加以确定。

总的原则是,如果某项目单个看不具有重要性,则可将其与其他项目合并列报;如具有重要性,则应当单独列报。具体而言,应当遵循以下几点:①性质或功能不同的项目,一般应当在财务报表中单独列报,但是不具有重要性的可以合并列报。②性质或功能类似的项目,一般可以合并列报,其所属类别是有重要性的,应该单独列报。③项目单独列报的原则不仅适用于报表,还适用于附注。某些重要项目不仅应在报表中列示,还应在附注中做详细披露。④无论是财务报表列报准则规定的单独列报项目,还是其他具体会计准则规定单独列报的项目,企业都应当予以单独列报。

(四)项目列报遵循一致性原则

可比性是一项重要的会计信息质量要求,目的是使同一企业不同期间和同一期间不同企业的财务报表相互可比。为此,财务报表项目的列报(包括报表项目的名称、分类、排列顺序等)应当在各个会计期间保持一致,不得随意变更。

(五)财务报表项目金额间的相互抵销

为提供完整、可比的会计信息,便于报表使用者做出正确的决策,财务报表项目应当以总额列报,资产和负债、收入和费用不能相互抵销,即不得以净额列报,但企业会计准则另有规定的除外。以下两种情况不属于抵销:①资产计提的减值准备。②非日常活动并非企业主要的业务,且具有偶然性。

(六)比较信息的列报

企业在列报当期财务报表时,至少应当提供所有列报项目的可比会计期间的比较数据,以及与理解当期财务报表相关的说明。

(七)财务报表表首的列报

财务报表一般分为表首、正表两部分。表首项目要齐全,在表首部分企业应当概括地说明下列基本信息:①编报企业的名称。②资产负债表应当列示资产负债表日,利润表、现金流量表、所有者权益变动表应当列示涵盖的会计期间。③企业应当以人民币列报,并标明金额单位。④财务报表是合并财务报表的应当予以标明。

(八)财务报告报送的基本要求

企业至少应当编制年度财务报表。在编制年度财务报表时,如果存在年度财务报表涵盖的时间短于一年的情况,在这种情况下,企业应当披露年度财务报表实际涵盖的期间及其短于一年的原因,并应当说明由此引起财务报表项目与比较数据不具可比性这一事实。企业应当及时对外提供财务报表。月度中期财务报表应当于月度终了后6天内(节假日可以顺延)对外提供;季度中期财务报表应当于季度终了后15天内(节假日可以顺延)对外提供;年度中期财务报表应当于年度中期结束后60天内(相当于两个连续的月份)对外提供;年度财务会计报告应当于年度终了后4个月内对外提供。

在财务报表报送的格式上,企业对外提供的财务报表应当依次编定页数,加订成册,加盖公章。封面上应当注明:企业名称、企业统一代码、组织形式、地址、所属年度或者月份、报出日期,并由企业负责人和主管会计工作的负责人、会计机构(会计主管人员)签名并盖章;设置总会计师的企业,还应当由总会计师签名并盖章;财务报表的填列,以人民币"元"为金额单位,"元"以下填至"分"。

财务报表须经注册会计师审计的,企业应当将注册会计师及其会计师事务所出具的报告随同财务报表一并对外提供。

第二节 财务报表编制

一、资产负债表的编制

（一）资产负债表的定义和作用

资产负债表是反映企业在某一特定日期（如月末、季末、年末）全部资产、负债和所有者权益情况的会计报表，是企业经营活动的静态体现，根据"资产=负债+所有者权益"这一平衡公式，依照一定的分类标准和一定的次序，将某一特定日期的资产、负债、所有者权益的具体项目予以适当排列编制而成。它表明权益在某一特定日期所拥有或控制的经济资源、所承担的现有义务和所有者对净资产的要求权。它是一张揭示企业在一定时点财务状况的静态报表。资产负债表利用会计平衡原则，将合乎会计原则的"资产、负债、股东权益"交易科目分为"资产"和"负债及股东权益"两大区域，再经过分录、转账、分类账、试算、调整等会计程序后，以特定日期的静态企业情况为基准，浓缩成一张报表。其报表功用除了企业内部除错、调整经营方向、防止弊端外，也可让所有阅读者花最短时间了解企业经营状况。

资产负债表为会计工作中相当重要的财务报表，最重要功用在于表现企业整体的经营状况。

就程序而言，资产负债表为簿记记账程序的末端，是经过了登录分录、过账及试算调整后的最后结果。就性质而言，资产负债表则表现了公司资产、负债与股东权益的对比关系，确切反映公司营运状况。

就报表基本组成而言，资产负债表主要包含了报表左边算式的资产部分，与右边算式的负债与股东权益部分。如果完全依照会计原则记载，并经由正确的分录或转账试算过程后，必然会使资产负债表的左右边算式的总金额完全相同。

资产金额总计 = 负债金额合计 + 股东权益金额合计

(二)资产负债表列报要求

1.资产负债表列报的总体要求。资产负债表应当按照资产、负债和所有者权益三大类别分类列报:资产和负债应当按照流动性分为流动资产和非流动资产、流动负债和非流动负债列示,在流动资产和非流动资产类别、流动负债和非流动负债类别下进一步按性质分项列示;所有者权益类一般按照净资产的不同来源和特定用途进行分类并分项列示。

资产负债表中的资产类至少应当列示流动资产和非流动资产的合计项目;负债类至少应当列示流动负债、非流动负债以及负债的合计项目;所有者权益类应当列示所有者权益的合计项目。资产负债表应当分别列示资产总计项目和负债与所有者权益之和的总计项目,并且这二者的金额应当相等。

2.资产负债表列报的相关问题。(1)流动资产和非流动资产的划分:资产负债表中的资产应当分为流动资产和非流动资产列报。资产满足下列条件之一的,应当归类为流动资产:①预计在一个正常营业周期中变现、出售或耗用。这主要指存货、应收账款等资产。②主要为交易目的而持有。这主要是指交易性金融资产。③预计在资产负债表日起一年内(含一年)变现。④自资产负债表日起一年内,交换其他资产或清偿负债的能力不受限制的现金或现金等价物。

值得注意的是,判断流动资产、流动负债时所称的"一个正常营业周期",是指企业从购买用于加工的资产起至实现现金或现金等价物的期间。正常营业周期通常短于一年,在一年内有几个营业周期。但是,也存在正常营业周期长于一年的情况,在这种情况下,与生产循环相关的产成品、应收账款、原材料尽管是超过一年才变现、出售或耗用,仍应作为流动资产列示。当正常营业周期不能确定时,应当以一年(12个月)作为正常营业周期。

(2)流动负债与非流动负债的划分:流动负债的判断标准与流动资产的判断标准相类似。负债满足下列条件之一的,应当归类为流动负债:①预计在一个正常营业周期中清偿。②主要为交易目的而持有。③自资产负债表日起一年内到期应予以清偿。④企业无权自主地将清偿推迟至资产负债表日后一年以上。

值得注意的是,有些流动负债,如应付账款、应付职工薪酬等,属于企业正常营业周期中使用的营运资金的一部分。尽管这些经营性项目有时在资产负债表日后超过一年才到期清偿,但是它们仍应划分为流动负债。

3.资产负债表日后发生的事项对流动负债与非流动负债划分的影响。对于在资产负债表日起一年内到期的负债,企业预计能够自主地将清偿义务延期至资产负债表日后一年以上的,应当归类为非流动负债;不能自主地将清偿义务延期的,即使在资产负债表日后、财务报告批准报出日前签订了重新安排清偿计划协议,从资产负债表日来看,此项负债仍应当归类为流动负债。

企业在资产负债表日或之前违反了长期借款协议,导致贷款人可随时要求清偿的负债,应当归类为流动负债。

(三)一般企业资产负债表的列报格式

资产负债表正表的列报格式一般有两种:报告式资产负债表和账户式资产负债表。我国资产负债表采用账户式的格式,即左方列报资产,右方列报负债和所有者权益。账户式资产负债表中的资产各项目的合计等于负债和所有者权益各项目的合计,即资产负债表左方和右方平衡。因此,通过账户式资产负债表,可以反映出资产、负债、所有者权益之间的内在关系,即"资产=负债+所有者权益"。

根据财务报表列报准则的规定,企业需要提供比较资产负债表,以便报表使用者通过比较不同时点资产负债表的数据,掌握企业财务状况的变动情况及发展趋势。所以,资产负债表还将各项目再分为"年初余额"和"期末余额"两栏分别填列。

(四)资产负债表的填制内容

资产负债表根据资产、负债、所有者权益(或股东权益,下同)之间的关系,按照一定的分类标准和顺序,将企业一定日期的资产、负债和所有者权益各项目予以适当排列。它反映的是企业资产、负债、所有者权益的总体规模和结构,即:资产有多少,资产中流动资产、固定资产各有多少。流动资产中,货币资金有多少,应收账款有多少,存货有多少,等等。所有者权益有多少。所有者权益中,实收资本(或股本,下同)有多少,资本公积有多少,盈余公积有多少,未分配利润有多少,等等。

在资产负债表中,企业通常按资产、负债、所有者权益分类、分项反映。也就是说,按资产按流动性大小进行列示,具体分为流动资产、长期投资、固定资产、无形资产及其他资产;负债也按流动性大小进行列示,具体分为流动负债、长期负债等;所有者权益则按实收资本、资本公积、盈余公积、未分配利润等项目分项列示。

银行、保险公司和非银行金融机构由于在经营内容上不同于一般的工商企业,导致其资产、负债、所有者权益的构成项目也不同于一般的工商企业,具有特殊性。但是,在资产负债表上列示时,对于资产而言,通常也按流动性大小进行列示,具体分为流动资产、长期投资、固定资产、无形资产及其他资产;对于负债而言,也按流动性大小列示,具体分为流动负债、长期负债等;对于所有者权益而言,也是按实收资本、资本公积、盈余公积、未分配利润等项目分项列示。

(五)资产负债表的编制方法

会计报表的编制,主要是通过对日常会计核算记录的数据加以归集、整理,使之成为有用的财务信息。企业资产负债表各项目数据的来源,主要通过以下几种方式取得。

1.根据总账科目余额直接填列。资产负债表大部分项目的填列都是根据有关总账账户的余额直接填列的,如"应收票据"项目,根据"应收票据"总账科目的期末余额直接填列;"短期借款"项目,根据"短期借款"总账科目的期末余额直接填列。"交易性金融资产""工程物资""递延所得税资产""短期借款""交易性金融负债""应付票据""应付职工薪酬""应缴税费""递延所得税负债""预计负债""实收资本""资本公积""盈余公积"等,都在此项之内。

第四章 财务报表

2.根据总账科目余额计算填列。如"货币资金"项目,根据"库存现金""银行存款""其他货币资金"科目的期末余额合计数计算填列。

3.根据明细科目余额计算填列。如"应收账款"项目,应根据"应收账款""预收账款"两个科目所属的有关明细科目的期末借方余额扣除计提的减值准备后计算填列;"应付账款"项目,根据"应付账款""预付账款"科目所属相关明细科目的期末贷方余额计算填列。

4.根据总账科目和明细科目余额分析计算填列。如"长期借款"项目,根据"长期借款"总账科目的期末余额,扣除"长期借款"科目所属明细科目中反映的、将于一年内到期的长期借款部分,分析计算填列。

5.根据科目余额减去备抵项目后的净额填列。如"存货"项目,根据"存货"科目的期末余额,减去"存货跌价准备"备抵科目余额后的净额填列;又如,"无形资产"项目,根据"无形资产"科目的期末余额,减去"无形资产减值准备"与"累计摊销"备抵科目余额后的净额填列。

资产负债表的"年初数"栏内各项数字,根据上年末资产负债表"期末数"栏内各项数字填列,"期末数"栏内各项数字根据会计期末各总账账户及所属明细账户的余额填列。如果当年度资产负债表规定的各个项目的名称和内容同上年度不相一致,则按编报当年的口径对上年年末资产负债表各项目的名称和数字进行调整,填入本表"年初数"栏内。

与行业会计制度及股份有限公司会计制度相比较,资产负债表有的填列方法和内容主要有两个变化:第一,改变了部分项目的填列方法。主要表现为部分项目以其账面价值填列,而不是以其账面余额填列。例如,"应收账款""其他应收款""存货""长期股权投资""长期债权投资""在建工程""无形资产"等项目,都是以其账面余额扣除计提的减值准备后的金额填列。需要注意的是,对于"固定资产"项目,应分为"固定资产原价""累计折旧""固定资产净值""固定资产减值准备""固定资产净额"等项目填列。对于"长期应付款"项目,应根据"长期应付款"科目的期末余额,减去"未确认融资费用"科目的期末余额后的金额填列;第二,适当增加了部分项目。主要表现为适当增加了"预计负债"和"已归还投资"两个项目,分别反映企业预计负债的期末余额和中外合作经营企业按合同规定在合作期间归还投资者的投资。

二、利润表的编制概述

利润表是反映企业一定会计期间生产经营成果的会计报表。企业在一定会计期间的经营成果既可能表现为盈利,也可能表现为亏损,因此,利润表也被称为损益表。它全面揭示了企业在某一特定时期实现的各种收入、发生的各种费用、成本或支出,以及企业实现的利润或发生的亏损情况。

利润表是根据"收入-费用=利润"的基本关系来编制的,其具体内容取决于收入、费用、利润等会计要素及其内容。从反映企业经营资金运动的角度看,它是一种反映企业经营资金动态表现的报表,主要提供有关企业经营成果方面的信息,属于动态会计报表。

(一)利润表的组成

1.结构。利润表一般有表首、正表两部分。其中表首说明报表名称、编制单位、编制日期、报表编号、货币名称、计量单位等;正表是利润表的主体,反映形成经营成果的各个项目和计算过程,所以,曾经将这张表称为损益计算书。

2.格式。利润表正表的格式一般有两种:单步式利润表和多步式利润表。单步式利润表是将当期所有的收入列在一起然后将所有的费用列在一起两者相减得出当期净损益。多步式利润表是通过对当期的收入、费用、支出项目按性质加以归类,按利润形成的主要环节列示一些中间性利润指标,如营业利润、利润总额、净利润,分步计算当期净损益。

3.多步式。在我国,利润表采用多步式,每个项目通常又分为"本月数"和"本年累计数"两栏分列。

"本月数"栏反映各项目的本月实际发生数。在编报中期财务会计报告时,填列上年同期累计实际发生数;在编报年度财务会计报告时,填列上年全年累计实际发生数。如果上年度利润表与本年度利润表的项目名称和内容不相一致,则按编报当年的口径对上年度利润表项目的名称和数字进行调整,填入本表"上年数"栏。在编报中期和年度财务会计报告时,将"本月数"栏改成"上年数"栏。本表"本年累计数"栏反映各项目自年初起至报告期末止的累计实际发生数。多步式利润表主要分四步计算企业的利润(或亏损):第一步,以主营业务收入为基础,减去主营业务成本和主营业务税金及附加,计算主营业务利润;第二步,以主营业务利润为基础,加上其他业务利润,减去销售费用、管理费用、财务费用,计算出营业利润;第三步,以营业利润为基础,加上投资净收益、补贴收入、营业外收入,减去营业外支出,计算出利润总额;第四步,以利润总额为基础,减去所得税,计算净利润(或净亏损)。

(二)利润表的编制

1.编制原理。利润表编制的原理是"收入-费用=利润"的会计平衡公式和收入与费用的配比原则。

在生产经营中企业不断地发生各种费用支出,同时取得各种收入,收入减去费用,剩余的部分就是企业的盈利。取得的收入和发生的相关费用的对比情况就是企业的经营成果。如果企业经营不当,发生的生产经营费用超过取得的收入,企业就发生了亏损;反之企业就能取得一定的利润。会计部门应定期(一般按月份)核算企业的经营成果,并将核算结果编制成报表,这就形成了利润表。

2.包含科目。

营业收入

营业成本

营业税金及附加

销售费用

管理费用

财务费用

资产减值损失

公允价值变动收益(损失以"-"号填列)

投资收益(损失以"-"号填列)

营业利润(亏损以"-"号填列)

营业外收入

营业外支出

利润总额(亏损以"-"号填列)

所得税

净利润(亏损以"-"号填列)

补充资料(非常项目):①出售、处置部门或被投资单位所得收益。②自然灾害发生的损失。③会计政策变更增加(或减少)利润总额。④会计估计变更增加(或减少)利润总额。⑤债务重组损失。⑥其他。

每股收益:①基本每股收益。②稀释每股收益。

3.编制步骤。主要包括:①根据原始凭证编制记账凭证,登记总账及明细账,并进行账账核对、账实核对及账证核对。②保证所有会计业务均入账的前提下,编制试算平衡表,检查会计账户的正确性,为编制会计报表做准备。③依据试算平衡表损益类账户的发生额,结合有关明细账户的发生额,计算并填列利润表的各项目。④计算营业利润。是以营业收入为基础,减去营业成本、营业税金及附加、销售费用、管理费用、财务费用、资产减值损失,加上公允价值变动收益(减去公允价值变动损失)和投资收益(减去投资损失)计算出营业利润。⑤计算利润总额。是以营业利润为基础,加上营业外收入,减去营业外支出,计算出利润总额。⑥计算净利润(或净亏损)。是以利润总额为基础,减去所得税费用,计算出净利润。⑦检验利润表的完整性及正确性,包括表头部分的填制是否齐全、各项目的填列是否正确、各种利润的计算是否正确。⑧有关人员签字盖章。

4.编制方法。计算利润时,企业应以收入为起点,计算出当期的利润总额和净利润额。其利润总额和净利润额的形成的计算步骤如下。

第一,以主营业务收入减去主营业务成本、主营业务税金及附加。计算主营业务利润,目的是考核企业主营业务的获利能力。

第四章 财务报表

主营业务利润 = 主营业务收入 − 主营业务成本 − 主营业务税金及附加

上述公式的特点是：主营业务成本、主营业务税金及附加与主营业务有关，先从主营业务收入中直接扣除，计算出主营业务利润。

第二，从主营业务利润和其他业务利润中减去管理费用、营业费用和财务费用，计算出企业的营业利润，目的是考核企业生产经营活动的获利能力。

营业利润 = 主营业务利润 + 其他业务利润 − 管理费用 − 营业费用 − 财务费用

上述公式的特点是：主营业务利润和其他业务利润减去管理费用、营业费用和财务费用后，得出的营业利润近似净利的概念。公式中，将管理费用、营业费用和财务费用作为营业利润的扣减项目，意味着不仅主营业务应负担管理费用、营业费用和财务费用，其他业务也应负担管理费用、营业费用和财务费用。

第三，在营业利润的基础上，加上投资净收益、补贴收入、营业外收支净额，计算出当期利润总额，目的是考核企业的综合获利能力。

利润总额 = 营业利润 + 投资净收益 + 营业外收支净额 + 补贴收入

其中：

投资净收益 = 投资收益 − 投资损失

营业外收支净额 = 营业外收入 − 营业外支出

第四，在利润总额的基础上，减去所得税，计算出当期净利润额，目的是考核企业最终获利能力。

多步式利润表的优点在于，便于对企业利润形成的渠道进行分析，明了盈利的主要因素，或亏损的主要原因，使管理更具有针对性。同时也有利于不同企业之间进行比较，还可以预测企业未来的盈利能力。

5. 计算公式。在财政年度末，所有账目必须平账。所有账目的余额都需放在试算表里。会计师需根据簿记上的资料制作损益表和资产负债表，部分公司除制作这两个财务报表外，还会制作现金流量表和股东权益变动表。公司会先计算其净销售和销货成本，得到这两个项目的数据后就可计算毛利。将收入和支出的总和相减后就可计算纯利或亏损。以下会有几条重要公式。

计算毛利的方法：

$$毛利 = 净销售 - 销货成本$$

$$净销售 = 销售 - 销货退回与折让销货成本 = 期初存货 + 购货 -$$
$$购货退回与折让 + 购货运费 - 期末存货$$

计算纯利的方法：

$$纯利 = 所有收入 - 所有支出$$

(三)利润表的填制

1.填列项目。利润表中的各项目都列有"本月数"和"本年累计数"两栏。

2.本月数栏。利润表"本月数"栏反映各项目的本月实际发生数。在编报中期和年度财务报表时，应将"本月数"栏改成"上年数"栏。

3.本年累计数。该栏反映各项目自年初起至本月末止的累计实际发生数。应根据上月利润表的"本年累计数"栏各项目数额，加上本月利润表的"本月数"栏各项目数额，然后将其合计数填入该栏相应项目内。

(四)利润表反映的内容

利润表分项列显示了企业在一定会计期间因销售商品、提供劳务、对外投资等所取得的各种收入以及与各种收入相对应的费用、损失并将收入与费用、损失加以对比结出当期的净利润。这一将收入与相关的费用、损失进行对比，结出净利润的过程，会计上称为配比。其目的是衡量企业在特定时期或特定业务中所取得的成果，以及为取得这些成果所付出的代价，为考核经营效益和效果提供数据。比如，分别列示主营业务收入和主营业务成本、主营业务税金及附加并加以对比，得出主营业务利润，从而掌握一个企业主营业务活动的成果。配比是一项重要的会计原则，在利润表中得到了充分体现。

通常，利润表主要反映以下几方面的内容：①构成主营业务利润的各项要素。从主营业务收入出发，减去为取得主营业务收入而发生的相关费用、税金后得出主营业务利润。②构成营业利润的各项要素。营业利润在主营业务利润的基础上，加其他业务利润，减销售费用、管理费用、财务费用后得出。③构成利润总额(或亏损总额)的各项要素。利润总额(或亏损总额)在营业利润的基础上加(减)投资收益(损失)、补贴收入、营业外收支后得出。④构成净利润(或净亏损)的各项要素。净利润(或净亏损)在利润总额(或亏损总额)的基础上,减去本期计入损益的所得税费用后得出。

在利润表中,企业通常按各项收入、费用以及构成利润的各个项目分类分项列示。也就是说收入按其重要性进行列示,主要包括主营业务收入、其他业务收入、投资收益、补贴收入、营业外收入;费用按其性质进行列示主要包括主营业务成本、主营业务税金及附加、营业费用、管理费用、财务费用、其他业务支出、营业外支出、所得税等;利润按营业利润、利润总额和净利润等利润的构成分类分项列示。

(五)利润表的作用

通过利润表,可以反映企业一定会计期间的收入实现情况,即实现的主营业务收入有多少,实现的其他业务收入有多少,实现的投资收益有多少,实现的营业外收入有多少,等等;可以反映一定会计期间的费用耗费情况,即耗费的主营业务成本有多少,主营业务税金有多少,销售费用、管理费用、财务费用各有多少、营业外支出有多少,等等;可以反映企业生产经营活动的成果,即净利润的实现情况,据以判断资本保值、增值情况。将利润表中的信息与资产负债表中的信息相结合,还可以提供进行财务分析的基本资料,如将赊销收入净额与应收账款平均余额进行比较,计算出应收账款周转率;将销货成本与存货平均余额进行比较,计算出存货周转率;将净利润与资产总额进行比较,计算出资产收益率等,可以表现企业资金周转情况以及企业的盈利能力和水平,便于会计报表使用者判断企业未来的发展趋势,做出经济决策。

编制利润表的主要目的是将企业经营成果的信息,提供给各种报表使用者,以供他们作为决策的依据或参考。

三、现金流量表的编制

企业的现金流转情况在很大程度上影响着企业的生存和发展。企业现金充裕,就可以及时购入必要的材料物资和固定资产,及时支付工资、偿还债务、支付股利和利息;反之,轻则影响企业的正常生产经营,重则危及企业的生存。现金管理已经成为企业财务管理的一个重要方面,受到企业管理人员、投资者、债权人以及政府监管部门的关注。

(一)现金流量表的概念及作用

现金流量表,是反映企业一定会计期间现金和现金等价物流入和流出的报表。现金流量是指一定会计期间内企业现金和现金等价物的流入和流出。但企业从银行提取现金、用现金购买短期的国库券等现金和现金等价物之间的转换,不属于现金流量。编制现金流量表的目的,是为财务会计报告使用者提供企业一定会计期间的现金和现金等价物流入和流出的信息,有助于他们了解和评价企业获取现金和现金等价物的能力,并据此预测企业未来的现金流量。现金流量表的作用主要体现在以下几个方面。

第一,有助于评价企业支付能力、偿债能力和周转能力。现金流量表以收付实现制为基础编制,反映了企业在一定期间内的现金流入、流出量以及期末现金净额,有助于信息使用者了解企业获取现金的能力、现金支付能力、偿债能力以及周转能力,从而便于投资者、债权人判断企业是否能够为他们的投资提供适当的回报以及偿还所借取的资金。

第二,有助于预测企业未来现金流量。通过分析企业在过去数年各种现金流量的变化趋势以及各种现金流量之间的关联性,进而找出导致变化趋势的原因,从而预测企业在未来的现金流量。企业的债权人可以利用对企业经营活动的现金流量的预测决定是否继续提供融资。投资者可以利用对股利支付的预测,决定是否要继续和企业联系在一起,管理人员可以通过对来年的现金流量的预测决定是否需要为企业的发展做更多融资和投资。

第三,有助于分析企业收益质量及影响现金净流量的因素。通过现金流量表附注,将权责发生制下的净利润调整为收付实现制度的净利润,可以从现金流量的角度了解净利润的质量,以正确地反映企业获利能力和偿债能力之间的关系。通过分析影响现金净流量的因素,从而为分析和判断企业的财务前景提供现金和利润信息数据,是所有企业管理者关心的问题,两者都是企业生存的支撑点。企业持有的现金越多表示企业的现金支付能力越强。企业利润越大则表示企业的盈利能力越强。

(二)现金流量表的编制基础

现金流量表以现金及现金等价物为基础,划分为经营活动、投资活动和筹资活动,以收付实现制为基础编制。

1.现金。是指企业库存现金以及可以随时用于支付的存款。不能随时用于支付的存款不属于现金。现金主要包括以下几个方面:①库存现金。是指企业持有可随时用于支付的现金,与"库存现金"科目的核算内容一致。②银行存款。是指企业存入金融机构、可以随时用于支取的存款,与"银行存款"科目核算内容基本一致,但不包括不能随时用于支付的存款。③其他货币资金。是指存放在金融机构的外埠存款、银行汇票存款、银行本票存款、银行存款、信用证保证金存款等,与"其他货币资金"科目核算内容一致。

2.现金等价物。是指企业持有的期限短、流动性强、易于转换为已知金额现金、价值变动风险很小的投资。其中,"期限短"一般是指从购买日起3个月内到期。

现金等价物通常包括3个月内到期的短期债券投资。权益性投资变现的金额通常不确定,因而不属于现金等价物。

现金等价物虽然不是现金,但其支付能力与现金的差别不大,可视为现金。如企业于2023年3月1日购入的期限为3年,还有1个月到期的国债,视为现金等价物。又如,企业2023年3月1日购入期限为6个月的企业债券,则不能作为现金等价物。

(三)现金流量的分类及列示

1.现金流量的分类。现金流量指企业现金和现金等价物的流入和流出。在现金流量表中,现金及现金等价物被视为一个整体,而企业现金形式的转换不会产生现金的流入和流出。例如,企业从银行提取现金,是企业现金存放形式的转换,并未流出企业,不构成现金流量。同样,现金与现金等价物之间的转换也不属于现金流量。根据企业业务活动的性质和现金流量的来源,可将企业一定期间产生的现金流量分为三类:经营活动现金流量、投资活动现金流量和筹资活动现金流量。

对于企业日常活动之外特殊的、不经常发生的特殊项目,如自然灾害损失、保险赔款、捐赠等,应当归并到相关类别中,并单独反映。比如,对于自然灾害损失和保险赔款。如果能够确指,属于流动资产损失,应当列入经营活动产生的现金流量;属于固定资产损失,应当列入投资活动产生的现金流量。如果不能确指,则可以列入经营活动产生的现金流量。捐赠收入和支出,可以列入经营活动。如果特殊项目的现金流量金额不大,则可以列入现金流量类别下的"其他"项目,不单列项目。

2.现金流量的列示。通常情况下,现金流量应当分别按照现金流入和现金流出总额列报,从而全面揭示企业现金流量的方向、规模和结构。但是,代客户收取或支付的现金以及周转快、金额大、期限短的现金流入和现金流出可以按照净额列报。

(四)现金流量表的内容和结构

现金流量表将企业一定会计期间内产生的现金流量分为三类:经营活动产生的现金流量、投资活动产生的现金流量和筹资活动产生的现金流量。

1.经营活动产生的现金流量。经营活动是指企业投资活动和筹资活动以外的所有交易和事项。经营活动产生的现金流量包括:销售商品或提供劳务、经营性租赁、购买货物或接受劳务、支付工资、制造产品、广告宣传、推销产品、缴纳税款等流入或流出的现金和现金等价物。经营活动产生的现金流量是企业通过运用所拥有或控制的资产获得的现金流量,主要与企业净利润有关。通过现金流量表中反映的经营活动产生的现金流入和流出,能说明企业经营活动对现金流入和流出净额的影响程度。

2. 投资活动产生的现金流量。投资活动是指企业长期资产的购建和不包括在现金等价物范围内的投资及其处置活动。这里的长期资产是指固定资产、在建工程、无形资产和其他长期资产等持有期限在一年或超过一年的一个营业周期的资产。主要包括取得或收回投资,购建和处置固定资产、无形资产和其他长期资产,处置子公司及其他营业单位等流入或流出的现金和现金等价物。通过现金流量表中反映的投资活动产生的现金流量,可以分析企业通过投资获取现金流量的能力,以及投资产生的现金流量对企业现金流量净额的影响程度。

3. 筹资活动产生的现金流量。筹资活动是指导致企业资本及债务规模和构成发生变化的活动,包括吸收投资、发行股票、分配利润等。这里的债务是指企业对外举债所借入的款项,如发行债券、向银行等金融机构借入款项等。这些活动所流入或流出的现金和现金等价物就是筹资活动产生的现金流量。通过观察现金流量表中筹资活动产生的现金流量,可以分析企业的筹资能力,以及筹资产生的现金流量对企业现金流量净额的影响程度。

第五章 财务风险

第一节 财务风险概述

一、风险概念及性质

(一) 风险概念

风险是无时无地不存在的,人们对风险和风险管理的认识也是随着社会的进步和经济的发展而日益成熟的。风险的概念起源于意大利,17世纪由法国传入英国,19世纪早期传入美国。最早将风险范畴引入经济领域并加以考察是在19世纪末。

在几十年风险管理研究的历史中,人们总是希望给风险及其管理一个完备的定义,但到目前为止还没有得到完全统一的定义。人们在各自的领域中或清楚或含糊地使用着各自风险的概念。直到今天,经济学家、统计学家、社会学家、精算师、保险经纪人、审计师等对风险都有着不同的定义。

1.风险是损失机会和损失可能性。把风险定义为损失机会,这表明风险是一种面临损失的可能性状况,也表明风险是在一定状况下的概率度。当损失机会(概率)是0或1时,就没有风险。把风险定义为损失可能性是对上述损失机会定义的一个变种,但损失可能性的定义意味着风险是损失事件的概率介于0—1,它更接近于风险是损失的不确定性定义。

2.风险是损失的不确定性。把风险定义为损失的不确定性,这种不确定性又可以分为客观的不确定性和主观的不确定性。客观的不确定性是实际结果与预期结果的离差,它可以使用统计学工具加以度量。主观的不确定性

第五章 财务风险

是个人对客观风险的评估,它同个人的知识、经验、精神和心理状态有关,不同的人面临相同的客观风险时有不同的主观的不确定性。

3.风险是实际与预期结果的离差或概率。长期以来,统计学家把风险定义为实际结果与预期结果的离差度。有的保险学者把风险定义为一个事件的实际结果偏离预期结果的客观概率。在这个定义中风险不是损失概率。这个定义实际上是实际与预期结果的离差的变换形式。

4.风险是一个事项将会发生并给目标实现带来负面影响的可能性。这是美国COSO《企业风险管理——整合框架》的权威观点。事项是源于内部或外部的影响目标实现的事故或事件。事项可能是负面影响,也可能是正面影响,或者两者兼而有之。带来负面影响的事项代表风险。

大致说来,专业人士使用的风险定义有两类:一类指的是发生损失的可能性,另一类指的是与未来不好的结果发生的有关变动性或波动性的概念。在实际的测量上,这些定义简化成了数理统计上的概率、数学期望或方差等几个可计量的数学概念。

(二)风险的性质

对风险属性的理解,人们从不同的角度加以界定,形成了各种不同的认识,主要涉及不确定性、损失、可能性、危险等概念。

1.风险与不确定性。风险与不确定性的关系是理论界争论的焦点之一。有一种观点认为,风险与不确定性没有本质区别,风险就是不确定性。这种观点认为,不确定性可以直观地理解为事件发生的最终结果的多种可能状态,即确定性的反义。尽管这些可能状态的数量及其程度可以根据经验知识或历史数据事前进行估计,但事件的最终结果呈现出何种状态却不能事前准确预知。

另一种观点认为,尽管风险与不确定性有着密切的联系,但是,两者存在本质的区别,不能将两者简单地混为一谈。风险是指决策者面临的这样一种状态,即能够事先知道事件最终呈现的可能状态,并且可以根据经验知识或历史数据比较准确地预知每种可能状态出现的可能性大小,即知道整个事件的概率分布,而不确定性却不能。可见,在这种观点的持有者看来,风险和不确定性的根本区别在于决策者是否可以预知事件发生最终结果的概率分布。

2. 风险与损失。风险与损失密切联系。损失是事件最终结果不利的表现。无论将风险解释为未来结果的不确定性还是对期望的偏离,风险的含义都包含了损失的概念。否则,如果未来结果不会造成任何损失或不会出现任何不利状态,则不论未来结果有怎样的不确定性或期望与现实偏离多远,该事件都不会形成风险事件。尽管风险与损失有着密切联系,但风险只是有损失的可能性或是潜在的损失,并不是实际的损失。也就是说,风险为事前概念,而损失则是事后概念。在事情发生以前,风险就已经产生或存在,而损失只是有潜在的可能性。一旦损失发生,风险就不复存在,因为此时不确定性已经转化为确定性了。

3. 风险与可能性。风险与可能性也是必然联系的。可能性的数量统计的表达方法是概率,是对不确定性进行量化描述,是决策者对风险进一步认知的结果,也是投资者衡量风险水平高低的主要工具。

4. 风险与波动性。多数情况下,风险表现为一种变量在未来的波动性,如利率风险、汇率风险等,均是由于利率、汇率等连续不断地波动产生的。这种波动是事前不可准确预测变动或获知规律的,因此,这种波动性首先是一种未来结果的不确定性。同时,这些市场变量有时会频繁波动甚至连续变动。

5. 风险与风险暴露。所谓风险暴露是指在各种业务活动中容易受到风险因素影响的资产和负债的价值。在一般意义上,投资者所面临的风险水平的高低不仅取决于风险因素的波动性或不确定性的大小,更重要的是取决于其对特定风险因素的暴露程度。

二、风险管理的起源与发展

(一)风险管理的发展阶段

1. 第一阶段。早期风险管理意识的萌芽。人类很早以前就有了风险意识的萌芽。远古时期,人类面对自然灾害和疾病,因无法解释和控制这些现

第五章 财务风险

象,就认为这是神的意志,于是修建神坛,时常拜祭,祈求神灵佑护,这些行为都渗透着最朴素的风险管理意识,即在灾难发生之前以及发生之时,试图通过一定的手段减少损失。逐渐地,人们产生了原始的保险意识,即互助互济的思想。春秋战国时期的墨子就提出:"有力者,疾以助人。"又如公元前4000年,我国长江上的皮筏商人就懂得将自己的货物分放在其他商人的筏子上来运送皮货,这样,即使一艘皮筏失事,自己的货物也不会全部损失,这就是保险的损失分摊思想的雏形。

2. 第二阶段。19世纪末至20世纪初。随着工业革命的诞生,企业风险管理的思想开始萌芽。法国的科学管理大师法约尔在他的著作《一般与工业管理》中首次把风险管理的思想引入企业经营中,但并没有形成完整的体系。

在这一阶段,先进工业国家先后完成了产业革命。生产形势较以前发生了巨大变化,而国际贸易方面也从自由竞争阶段过渡到垄断资本主义阶段。1929年至1933年,资本主义国家发生了震撼世界的经济大危机,在这场危机中,美国出现了经济大萧条。面对经济衰退、工厂倒闭、工人失业、社会财富遭到巨大损失的大灾难,人们开始思索,如何减少和消除类似的灾难性后果? 1930年,美国管理协会(AMA)发起的第一次关于保险问题的会议上,宾夕法尼亚大学的所罗门·许布纳博士指出:"防患于未然就是最大的保险",这也表达了现代风险管理的一个重要思想。

在20世纪初,人们对灾变与风险的认识还是以客观说为主,虽然没有"风险管理"这个词汇,但与其功能相关的安全管理与保险已经有了重大进展。1920年以后,一些企业就开始对通过保险转移企业风险的工作进行单独管理。除了企业自身对保险的重视以外,行业协会也意识到保险在企业管理中所处的特殊地位。1931年,美国管理协会大会上明确了风险管理的重大意义,并设立了保险部门作为该协会的独立机构。该保险部门每年召开两次会议,其职责除了开展保险管理以外,还进行风险管理的研究和咨询。但此时,安全管理与保险的对象还只是危害性风险,并且这两个领域沟通并不多。此外,工商企业购买保险的动机也并不完全是为了保障自身的利益,有的是出于人情的压力,或是由于想要向银行贷款等因素不得不购买保险。

3.第三阶段。20世纪初至20世纪70年代。在这一阶段,"风险管理"一词出现并且深受关注。风险管理的提出与当时的社会背景和企业的发展状况密不可分。

二战以后,世界政治、经济形势发生了深刻变化,科技进步推动了第三次技术革命,集中和垄断的加剧使得社会生产力有了巨大飞跃,生产高度社会化,企业规模和资产价值越来越大,经营环境日趋复杂。一方面,竞争与角逐的激烈、贫富沟壑的加深、社会矛盾的尖锐、国际局势的动荡使得各类风险事件的发生日益频繁。另一方面,灾害事故的连锁性和扩散性也使得风险损失加大,大大增加了社会经济生活的不确定性。这就是20世纪50年代以后风险管理在美国蓬勃发展的最深刻也是最基本的社会原因之一。

在这种社会背景下,企业对风险管理的内在需要也逐渐增加。然而,在20世纪60年代后期和20世纪70年代初期,危机开始出现。首先在财产保险领域,保险业没有能力或不愿满足保险购买者更多的保险需求,高层管理部门不得不认识到风险自担并辅之以防损是补充和取代保险购买的一种方法。不久之后,责任保险领域也出现了类似的承保能力问题,特别是医疗责任保险。除了保险公司的这种情况之外,保险经纪人主动开展风险咨询服务也是情况转变的一个动力。由于安排保险变得越来越困难,保险经纪人便开始寻找新的收入来源,这就是提供风险管理服务,加之20世纪70年代初期开始出现的风险管理咨询公司,都在无形中进一步推动了风险管理的普及。在这一阶段,人们仍然只关注危害性风险,但安全管理与保险有融合的迹象。

4.第四阶段。20世纪70年代至20世纪90年代。20世纪70年代以后,出现了风险管理历史上一个革命性的转变,即从传统的以保险为核心的风险管理中脱离出来,现代全方位风险管理逐渐形成。布雷顿森林体系崩溃,任何经济实体都面临着空前的金融风险,这使得企业认识到,风险管理不仅针对危害性风险,也包含金融风险,金融风险管理日益受到重视。虽然在初期这两类风险还是由不同的部门分别管理,但不久人们就发现,这二者不能自行其是。

第五章 财务风险

在这一阶段相继发生了一些大型科技灾难,对风险管理的思维造成极大影响。创立于1980年的风险分析学会与切尔诺贝利事故后浮现的安全文化观念显示,管理风险不应只注重技术与财务,还应该注重个人行为与文化社会背景的影响。一些风险主观说的理论对风险管理的传统思维冲击很大。

5. 第五阶段。20世纪90年代至今。在这一阶段,金融风险管理有了迅速发展,这同时促使危害性风险管理和金融风险管理有了更深层次的整合。20世纪90年代以后,因使用金融衍生产品不当而引发的金融风暴开始增多,并且损失巨大,如巴林银行事件、日本大和银行事件。这促使人们对金融风险管理的认识更加深入。"风险价值"的提出、"30人小组报告"的产生以及全球风险专业协会的成立就说明了这一点。此外,以危害性风险管理为主的保险市场和以金融风险管理为主的资本市场之间的界线被打破,出现了一些新型风险管理工具,如财务再保险和保险期货等。虽然这些新型工具有的还不太成熟,但保险风险证券化已成为风险管理领域的一个重要发展趋势。理论上已证明,只有整合金融风险与危害性风险的风险管理,才是最适当的决策。

(二)风险管理的含义

由于风险管理的应用极为广泛,而各个领域中管理的目标也不尽相同,所以对风险管理的界定如同对风险的界定,有许多不同的理解。本书所采用的风险管理的定义为:风险管理是一种全面的管理职能,用以对某一组织所面临的风险进行评价和处理。首先,这一定义基于风险客观说,指出了风险客观派所认定的风险管理的目标——对风险进行处理,即降低风险成本。其次,这个定义中的风险包含所有风险,体现了现代风险管理的新发展,即风险管理不仅针对危害性风险,也针对金融风险。再次,它指出风险管理就是基于上述目标,对风险做出评价,并针对风险采取一些措施,例如,保险、风险规避等。最后,风险管理不是一个专门化的管理职能,它是一个一般性的管理职能,但这并不是说风险管理者不需要专门的知识,相反地,风险管理是广泛的、多学科交叉的职能,不能被狭义地描述为保险购买的行为。

三、风险的成因及分类

(一)风险的成因

一般来说,风险主要来源于自然和社会环境的不确定性、市场经济运行及经济单位自身业务的复杂性,以及管理者认识能力的滞后性与手段方法的局限性,具体如下。

1. 自然因素。人类起源于自然,并在自然界中生存、进化和发展。自然界中的阳光、空气、水分及维持生物有机体生存的物理和化学元素,是人类生存的重要基础。长期以来人类逐步适应了自然的生存环境,并力图按自身的设想改造自然,建立与自然相容、和谐的关系。但是,由于自然界的运动变化不仅受其自身规律的作用,而且还受种种外力的影响和制约,因而使其运动发展过程呈现出不规则的变化趋势。自然界就像一个不听话的孩子,阴晴无端,喜怒无常,导演出一幕幕自然灾害的闹剧,使人类经常遭受地震、洪水、风暴、海啸等侵害,给人们的正常生产、生活带来严重影响,使生命财产蒙受巨大损失。总之,自然环境的种种变化是引发企业风险的重要原因之一。

2. 社会因素。由于生存规律的作用,人类要求聚集在一起并以一定的方式组织起来,由此产生了家庭、部落乃至国家。在这些社会组织中和各社会组织之间,人们结成各种社会关系,形成了各种不同的社会环境。社会环境同自然环境有相似之处,一定程度上也呈不规则运动,也存在着诸多不确定性。由于社会资源分布的不均衡、社会制度的差异、人们行为的种种区别,往往导致各社会团体因民族、地域、国家的不同而产生种种差异,而这些差异发展到一定程度以致无法调和时,就会引起摩擦、冲突甚至战争。这种不确定性的存在即意味着风险存在的可能性。不仅如此,许多人为的因素也正在给人类自身带来各种各样的灾难和风险,如对森林的乱砍滥伐、人口爆炸、种族歧视、恐怖主义等,都是现代社会中各种风险产生的重要诱因。

3. 科技因素。科学技术是第一生产力,正是由于科学技术的发展才使人类社会变得如此繁荣和美丽。但是,科学技术在给人们带来巨大财富的同

第五章 财务风险

时,也给人类带来了"科技病"。正如西方科技界经常所说的"科技是一把双刃剑,既可以攻击你的对手,稍有不当也会伤及自身"。近百年的科学技术发展的历史已经证明了这一点。科学技术武装了人类,使人类对自然有了相当的发言权,成为自然界的主人,没有任何物质力量可以与人类抗衡。但是,与此同时,科学技术也给人类出了不少的难题和困惑,制造了许许多多的风险和损失。例如,随着科学技术的发展,人们可以从核裂变中获取巨大的能量,从而造福于人类,但同时核裂变也是人类生活中一种惊人的社会公害,以至于以判断风险、处置风险为职业的保险公司都不愿意为世界上任何一座核电站提供第三者责任风险保险。苏联切尔诺贝利核反应堆爆炸,造成的严重损失和污染至今仍让人心有余悸,2011年日本福岛的核电厂泄漏事件又增加了人们对核电站的恐惧心理。所以,科学技术的高速发展与应用既给世界和人类带来了无尽的繁荣与进步,也给人类带来了种种不利后果和风险。

4.经济因素。人类的经济活动是在一个风险环境中进行的。社会生产过程中的生产、分配、流通和消费四个环节及与之相关的一切经济活动都可能引起不同程度的风险及损失。例如,宏观经济决策失误导致一国经济的动荡及巨额经济损失;生产的周期性运动不可避免地导致社会生产过剩或失业率升高;市场利率、汇率的变动都可能使收入降低或债务增加。就一个企业而言,当各种不确定因素不能按原计划的单位成本完成其产量计划时,就可能引发生产风险;当产品受多种因素制约而不能售出时,就可能引发销售风险;当企业无法筹措足够资金以维持其正常的生产经营活动,或不能以其收入偿还借款本息时,企业就可能面临财务风险。

5.政治因素。自阶级社会产生以来,随着国家和政权形式的出现,风险与政治活动的关系日益密切,许多风险甚至直接起因于政治活动。在一国政治活动中,围绕政权的更迭、权力的集中与分散、政体的选择、法律的颁布与实施、竞选活动、党派争端等都会产生风险,因为上述种种都包含了造成政局动荡的不确定因素。此外,有关政策的制定是否妥当,是否可能导致罢工,或者地域之间、民族之间的不平衡等,都可能产生政治风险。不仅如此,国际政治活动也会带来种种风险。例如,国与国之间的领土争端、资源争夺、种族歧视、军备竞赛、恐怖主义、战争等都可能引发国际范围的风险及损失事件。

6.主观因素。企业风险不仅来自客观,有时也出于主观。前述自然界和社会政治、经济的运行呈现不规则性,存在许多不确定性,这种不规则性和不确定性是针对认识主体而言的,也就是说人们对自然和社会运行的规律的认识和了解的程度有限,同时改造自然和社会的手段也有限,故只能听任风险摆布。有时对某些风险,人们可能对其已有预计、有所认识和掌握,但囿于技术条件和能力仍不能采取有效措施予以防范和控制。如人们可以预测飓风的到来,但却无法将其消除,而只能消极地事前防灾、事后抗灾。所以,风险与人的主观认识和能力有关,风险常常发生在薄弱环节,这是无数经营实例证实了的客观事实。

(二)风险的分类

由于在所有的风险中,不确定因素过多,因此,有学者认为对风险进行分类的意义不大。事实上,对风险进行科学分类的确是一件困难的事情。但是,归类风险为更好地研究不同风险的特点、作用对象、形成根源以及如何加以控制等都具有重要的意义,风险分类的方法也有很多,如下。

1.系统风险和非系统风险。

(1)系统风险:又称市场风险、不可分散风险,是指由于政治、经济及社会环境等企业外部某些因素的不确定性而产生的风险,它存在于所有企业中,并且是个别企业所无法控制,也无法通过多样化投资予以分散的。它的特点是由很多因素共同导致的,如通货膨胀、利率和汇率的波动、国家宏观经济政策变化、战争冲突、政权更迭等,而且这些因素都是个别企业无法控制的,会给企业带来较大的影响。

(2)非系统风险:又称公司特有风险、可分散风险,是指受经营失误、消费者偏好改变、劳资纠纷、工人罢工、新产品试制失败等因素影响产生的个别企业的风险。它的特点是只发生在个别企业中,由单个的特殊因素所引起,由于这些因素的发生是随机的,因此可以通过多样化投资来分散,也就是说,发生于某一企业的不利因素可以被其他企业的有利因素所抵消。特别是在进行证券投资组合时,如果投资者将全部资金按照资本市场上各种风险性资产占所有资产的市场价值的比重,分散到全部证券中,这样的证券组合可以完全消除非系统风险,其风险和收益与市场保持一致,即只具有市场风险。

2.投资风险和纯粹风险。

(1)投资风险:该种风险是一种既有损失可能性又有获利机会的风险。例如,企业进行的证券投资,期权、期货投资等,既可以为企业带来丰厚的利润,也可能使企业遭受重大的损失。

(2)纯粹风险:该种风险是一种只有损失而没有获利可能的风险。例如,地震、火灾、水灾、盗窃等给企业带来的损失。它与企业的静态风险相类似。

3.静态风险和动态风险。

(1)静态风险:该种风险是一种在经济条件没有变化的情况下,一些自然行为和人们的失当行为造成的损失可能性。例如,自然灾害和个人不诚实的品质会造成经济损失。静态风险对社会无任何益处,但它们具有一定的规律性,是可以被预测的。

(2)动态风险:该种风险是在经济条件变化的情况下造成经济损失的可能性。例如,价格水平和技术变化可能会使经济单位和个人遭受损失。与静态风险相比较,动态风险因缺乏规律性而难以预测,保险较适合于对付静态风险。

4.可控风险和不可控风险。

(1)可控风险:也称为可管理风险,是指人们可以预测和可以人为控制的风险。如车祸、火灾、生产事故等,这种风险可以通过加强管理而减少或避免。

(2)不可控风险:也称为不可管理风险,是指人们不易避免、较难控制的风险。如飓风、地震、海啸等带来的风险。这类风险尽管难以控制,但随着科学技术的发展,人们征服自然能力的提高,可以对其预测、控制或避免。因此,不可控风险在一定条件下可转化为可控风险。

5.可承受风险和不可承受风险。

（1）可承受风险：该种风险是指经济单位在研究自身承受能力、财务状况的基础上，确认能够承受的最大损失的限度，当风险低于这一限度即为可承受风险。

（2）不可承受风险：该种风险是指经济单位自身状况无力承受的风险，即超过经济单位确认的上述限度的风险。

6.可回避风险、可转移风险和可管理风险。

（1）可回避风险：该种风险是指企业可以主动绕过、躲避的非固有风险。因为含有这类风险的经营活动和资产、负债并不一定是企业必须进行的。例如，可以放弃某种资产或交易，从而主动躲避，在风险管理领域，称之为消极的风险管理。常用的风险躲避方式包括购买保险、套期保值、再保险等，目标是摆脱经营活动中的那些非基本的可回避风险，或者通过努力使企业面临的特别风险保持在一个最佳的数量水平。

（2）可转移风险：该种风险是指企业是风险规避者的情况下，它可以通过外部市场或其他途径把这些风险以支付一定价格的方式（如保险费、期权费等交易成本）转移给外部的风险偏好者，典型的如投资商。在转移这种风险时，通常转移者在防止遭受损失的同时也失去了因承受风险可能获取额外收益的机会。企业能够通过对外转移的方式消除或至少大幅减少风险。在企业不具备承受或管理某些风险的能力和优势的情况下，将这些风险转移出去是一种合理的选择。

（3）可管理风险：这种风险通常因为其内在特性（如伴随性风险）或外部条件制约（如无法匹配导致的风险暴露或无适宜的管理工具）而与企业必要的经营活动形影相随，使之无法回避或转移。因此这类风险只能通过企业的风险管理活动，如资产优化组合、风险选择与搭配等来加以最小化、最优化。面对存在固有风险但又难以用交易或套期保值的方法加以转移和锁定的资产或活动，企业除非放弃，否则是无法消除或转移的，此时，企业唯有进行积极的风险管理才能减少可能的损失。

第五章 财务风险

7.战略风险、经营风险、市场营销风险、财务风险、操作风险。

(1)战略风险:它包括企业的发展战略、市场战略、投资战略、品牌战略等,是企业经营管理的宏观决策,决定企业发展的方向,如果发生决策性失误,可能导致企业遭受不可挽回的损失。如有些企业在发展过程中,制定多元化经营战略,投资不熟悉的领域,结果造成了严重的损失。

(2)经营风险:该种风险是指企业在生产经营中的不确定性所带来的风险。主要来自技术产品的创新、市场需求、竞争的压力等。此外,如战争、暴动、罢工等所引起的社会环境变化、通货膨胀的发生、国家产业政策调整,以及其他宏观经济政策的变化都会直接或间接地影响企业的生产经营活动,给企业带来经营风险。

(3)市场营销风险:该种风险是指企业在进行市场营销活动时,由于社会宏观环境的变化、竞争和供求矛盾等直接影响及企业内部环境等因素而带来的威胁或损失。具体包括目标市场定位风险、新产品开发风险、价格制定及价格策略风险、分销渠道决策风险等。

(4)财务风险:财务风险与企业资金的筹措、运用、管理以及安全密切相关。它是指企业在各项财务活动中由于受各种难以预料或控制因素的影响,导致财务状况具有不确定性,从而使企业有蒙受损失的可能性。它是从价值方面反映企业在理财活动以及处理财务关系中所遇到的风险。具体表现为筹资风险、投资风险、现金流量风险、利率风险及汇率风险等。

(5)操作风险:该种风险是指企业由于以不当或不足的方式操作业务而给业务带来负面影响的风险,操作风险也可能是由于外部要素造成的。具体表现为经营混乱、失控、出差错、不当行为或外部事件。

第二节 财务风险预警

一、风险预警管理

（一）财务风险预警管理的概念与内容

1.财务风险预警。财务风险预警是指对企业生产经营实践活动的风险进行分析、评价、推断、预测，根据风险程度事先发出警报信息，提请企业决策者警惕风险。财务风险预警的作用在于：①警示。在企业经营实践活动日趋复杂的今天，一些决策者整天忙于一些繁杂的事务、处于不断地"救火"之中，没有精力来思考企业未来面临的风险、一旦新的风险事件发生，决策者不得不从另一风险事件的处理中转而处理新的风险事件，从而陷入一种恶性循环中。因此，及时通过预警的方式，使决策者对未来风险有所察觉，使之着眼于未来，着眼预防预控，在真正的风险来临之前即得到警报，无疑具有重要的意义。预警本身也是企业思维方式的转变，使企业从救火式的被动管理向预防预控式的主动管理转变。②控制。对风险进行预警，其最终目的还在于对风险进行有效的控制，传统企业偏重对风险进行事后控制，等到风险事件已发生才采取措施进行补救，但此时风险损失已成为事实。预警的核心在于企业形成以事前控制为主，并与事中控制和事后控制相结合的风险控制机制，在风险事件真正发生之前，即对风险的成因进行控制。并采取措施使风险事件不致真正发生或发生以后的损失减到最小。③自律。是指企业生产经营系统具有的自我控制、调节和规范的机制和功能。风险预警通过建立预警机制和风险应对措施机制，融入企业管理机制中，使企业的生产经营活动具有适应变化的能力，使企业内部各生产要素做到有效配置和合理使用，进而有序、协调地发展。

2.财务风险预警管理。财务风险预警管理是在实证考察和分析企业逆境现象的活动规律的基础上，探寻企业在顺境状态下，通过对内外环境进行预测、估计、推断以及对企业生产经营活动过程进行监控,来完成风险识别、预警和预控的管理实践活动。

(二)财务风险预警管理的特点、结构与功能

1.财务风险预警管理的特点。

(1)超前性:预警管理的目的在于要变过去那种"救火式"管理为预防性管理。风险预警管理虽然含有在风险发生情况下的应急处理和补救功能,但它仍然以预先发出警报和超前防范为主。因此,"超前"是风险预警的核心。

(2)警示性:当企业生产经营活动的某些方面达到警戒状态时,风险预警管理系统的输出信息应该能通过一些具体的形式来引起决策者、管理者的警觉,因而具有警示性。

(3)即时性:财务风险预警管理系统和企业管理信息系统一样,是一个长期和连续运行的系统,通过对企业生产经营活动进行动态跟踪监控,即时显示企业所处的风险状态。同时,风险预警管理系统的结构和功能应根据实际预警实践积累的经验和实际情况的变化进行不断更新,修正系统存在的缺陷,提高对风险预警的敏感性和准确性。

(4)系统性:企业本身是一个复杂的系统,企业风险是企业生产经营的方方面面综合影响而形成的结果。因而,面向企业建立的风险预警管理系统也是非常复杂的,系统所处理的信息涉及企业生产经营活动的方方面面,同时输出的信息也应当是明确的、系统的、易被决策者以及管理人员识别和接收的信息。

2.财务风险预警管理的功能。

(1)环境辨识功能:即对企业生产经营活动的环境因素进行评价、估测与分析。

(2)预测功能:即对影响企业生产经营的内外部环境、产品和生产要素市场、竞争对手状况等进行综合预测。

(3)判断和推断功能:即对企业生产经营的机会与风险进行推断。

(4)跟踪监控功能:即对企业的各项生产经营活动进行全程跟踪监控。

（5）警报提示功能：即根据不同的风险状态、风险程度和风险特征，向决策者和管理者发出警报；同时在某些问题上能与决策者进行对话，为决策者提供线索和提示。

（6）预控对策功能：即警告管理中可储存不同风险状态下的决策方案或方案框架，以便在风险一旦发生的情况下，决策者能迅速调用其中的对策来及时防范和处理风险。

3. 财务风险预警管理的结构。财务风险预警管理的一般结构包括信息系统、预警推断系统、风险识别系统、风险警报系统和预控对策系统五个部分。

（1）信息系统：风险预警的信息系统一般包括两个子系统：一个是信息收集与存储子系统。根据系统预设的模块，有针对性地收集和录入反映企业生产经营活动的信息，作为系统预警所需要的基础数据，并将其存储在系统之中，用于系统的信息处理；另一个是信息处理子系统。即对收录的信息进行分类、统计与辨伪。

（2）预警推断系统：该系统的功能是对风险因素和机会因素以及各因素之间的交互关系进行推断与分析，预测其发展趋势。

（3）风险识别系统：风险识别系统包括风险评价、风险判别和风险跟踪监控三个子系统：①风险评价子系统的功能是对预先设立的风险评价指标进行计算。②风险判别子系统的功能是根据指标计算结果对企业生产经营活动中存在的风险进行判断、识别。③风险跟踪监控子系统的功能是依据风险判别子系统的运行结果，对企业生产经营活动中偏离预设目标的部分进行重点跟踪监控，分析偏离目标的原因，提出改进对策。

（4）风险信息输出与警报系统：该系统的功能是输出预警信息，进行对策提示，以及在风险达到临界状态时发出警报。

（5）预控对策系统：该系统中储存有多种情况下的备选对策、对策方案框架或方案思路，一旦风险问题发生，及时调用或参考相应的对策、方案或思路。

二、预警指标体系与警报准则

（一）财务风险预警评价指标体系

进行财务风险预警管理活动的第一步就是要根据系统收集的信息，对企业生产经营活动的现状进行分析、评价。它是整个预警系统开展识别、诊断、预控等活动的前提条件。在对企业生产经营活动现状进行评价时，首先要根据评价目标及企业的具体特点，设计一套评价指标体系，然后确定指标体系各项指标的权重及其评价的准则。

1. 财务风险预警指标体系与企业现状评价指标体系。财务风险预警评价系统不仅具有预先警报的功能，还具有评价企业营运现状的功能，而且预先警报的功能是根据历史与现状预警未来，它是在对企业一定时期内的发展过程进行评价的基础上，分析其发展趋势，并研究这一趋势在某一未来时间节点上各指标的状态，并将这一状态与预警准则进行对比，确定是否需要发出警报。因此，财务风险预警指标体系应该是由用来反映未来某一时点企业生产经营各主要方面状态的指标构成。该指标体系的构成应该和现状分析指标是一致的，只是用于财务风险预警评价的数据是根据现状预推的数据，所以，可以说该指标体系是用来反映企业未来某一时刻的"现状"的。企业生产经营"现状"的形成，取决于企业生产经营活动的过程，对于过程的评价，不仅有利于分析"现状"产生的原因，同时，也有利于在发出预警时提示产生风险的原因所在，便于制定和选择预控对策。

2. 预警指标体系的构成。（1）指标体系构建的理论基础：在传统的劳动分工原则下，企业是由一系列完成其职能的部门构成，如采购部门、营销部门、财务部门等，这种观点对分析企业有一定帮助，毕竟整个企业由各个部门构成，各个部门间相互影响。部门出现问题，通过部门间的传递，必然会影响整个企业，而这些传递过程则是导致企业发生风险事件的主要原因。实际上这些传递过程的组成要素也是各职能部门最基本的构成要素，也是企业各种活动的基础。企业是一个过程系统，是由各种活动组成的。而各种活动是由各种节点和流经企业间的"五大流"不停循环构成,因此企业内各部门的活动的状态可以用节点和流质的状态表示。各种活动有自己的输入端和输出端,"五大流"就由这两个端点在不同的节点间流转形成企业活动的产出。这里的输出既包括各过程产生的符合企业目标的有效的成果,还包括企业出现的各种危机状态。节点也即行为点,是在该点发生的一系列行为。这些行为是由该点的一定规则决定的,同时外界的约束条件对它的行为会产生一定的制约作用。流经企业节点间的"五大流",在企业中起主导作用,因为它的影响范围最广。"五大流"的状态参数决定整个企业的运行状态。因此基于过程的企业分析是站在企业整体角度上,具有普适性。

(2)指标体系构建的思路:鉴于前述的分析,企业预警评价指标体系的构成,应该设立在过程层中,强调对过程层的分析。对过程层的分析,具有两个重要的作用:一是可以找出企业生产经营过程中的不良因素,通过对不良因素进行控制,减少给企业带来的损失。二是可以尽可能减少指标间的重复性和相关性,因为企业产生一定绩效的各因素之间具有内在的联系,现行理论研究中采用绩效指标作为风险预警指标的做法,一方面可能导致指标数量过多,另一方面,各指标之间还存在相互重叠、相关性过大的问题。因此,应从过程层的角度对预警指标进行设立和归类。值得注意的是这种基于过程的指标设立,忽略了各个部门的一些特征,而抽象出它们的共性即它们都是由企业节点和五大流质或其中的几种构成,所不同的是组成节点的具体行为及约束条件不同。因而其具有一定的普适性。

(3)财务风险预警指标体系的构建:经过模糊聚类分析法进行筛选和优化,构建了由36个指标构成的财务风险预警管理的评价指标体系,根据其性质以及它与企业过程的关系分为三类:约束条件指标、节点状态指标、流质状态指标。约束条件表示企业外界环境对企业的制约作用,这类指标都是定性指标,其指标值可由专家评分法确定。节点状态表示企业结构性因素的状态,如制度、机构等。流质状态是内部因素中影响最大的因素,包括人流、物流、资金流、信息流、技术流等流经企业各个部分及连接各部分运转的五种流质。

第五章 财务风险

（4）指标权重的确定：在财务风险预警指标体系中，各指标对企业风险状态的影响大小是不一致的，合理确定评价指标在整个指标体系中的权重是正确评价企业风险状态的关键所在。一般而言，各评价指标在实现风险预警的目标和功能上的重要程度是不一样的。这种不一样的重要程度即为权重。权重确定是否合理，往往直接关系到预警的质量。确定权重的方法有很多。如依据定性经验的特尔菲法，依据定量数据统计的主成分分析法，以及定性定量相结合的AHP（层次分析法）等。其中AHP法是对人们的主观判断做出客观描述的一种有效方法。它是把人们的思维过程层次化和数量化。一般来说，应用这种方法进行决策，可以大大提高评价的有效性、可靠性和可行性。但是，对于不同行业、不同类型的企业，这些指标所表现的作用可能存在差别，因此，企业在构建这一指标体系的权重时，应根据企业的情况，由行业专家来确定各指标的权重。

（5）指标的量化与归一化处理：在依据企业的实际状态确定指标值以后，在进行风险状态评估之前，还应对指标进行量化和归一化。在预警指标中，既包括定量指标，又包括定性指标。对于定量指标一般都可以直接计量；而对于定性指标，则无法通过测量来直接进行量化，只能依靠模糊方法进行量化。

（6）预警指标的运用：以上所建立的预警指标系统是针对普遍意义上的企业，当该指标系统运用于实际企业时，需要对具体指标进行适当增加或减少。因为各个企业具有不同的目标、经营活动等特性。该预警指标体系所得出的风险指数结合企业现状评价指标，可以判断及预测企业未来的整体经营状况，以决定发出何种预警信号。同时根据指标系统的指标值也可以用来分析导致企业风险的因素是什么及其严重程度。

（二）警报准则

警报准则是指一套判别标准或原则，用来决定在不同情况下，是否应当发出警报，以及发出何种程度的警报。警报准则的设置要把握尺度，如果准则设计过松，则会发生漏报，即对现实存在的风险无法发出正确的警报；如果准则设置过严,则会导致误警,即不该发出警报时发出了警报。

对风险状况的预警界限可以用三个数值(称为"检查值")来表述。以这三个检查值为界限确定"双红旗""单红旗""黄旗""绿旗"四种信号,分别表示企业运行状态处于"危机状态""风险状态""亚风险状态"和"经营正常状态"。每当预警指标的变化超过某检查值时,信号系统就会亮出相应的信号。三个检查值的确定需要分析企业的历史情况、行业水平以及企业的目的,因此各个企业具体的检查值是不同的。

在财务风险预警系统中,"检查值"的设置又可以根据三种情况来进行,即指标预警、因素预警和综合预警。

1. 指标预警。是指根据预警指标的数值大小的变动来发出不同程度的警报。

指标预警法的问题在于:如果严格按照上述指标预警方式来操作,则出现偶然性、一次性的波动时也会导致警报发生,有可能产生虚警。因此,当某一指标发生波动时,可以留一定的观察期来看看变化,如若指标在某一时刻落入危险区,但很快又恢复正常,且可以在安全区稳定一段时间,则应当推测该因素有偶然变化的可能;如果某一因素突然进入危险区,并在危险区保留一段时间,则可推定有某一因素发生较大变化且对企业构成持久的不利影响;如果某一因素突然进入危险区并继续向高等危险区迁移,则说明企业面临了相当严重的风险因素,应当立即发出警报并采取措施制止事态的进一步恶化;如果某一因素在危险区发生上下波动,则这种波动大多是由系统性风险因素所造成。如果企业无力对此风险因素进行控制,则应该采取风险回避策略来尽量减少该风险因素对本企业的不利影响。

对于每一个预警指标,可以建立移动离差系数来考察风险因素的不确定性或波动程度。

2. 因素预警。在企业风险因素中既存在可计量的因素,也存在不可直接计量的因素,对于可计量的风险因素,可以采用指标预警的方法,对于不可直接计量的风险因素,则应该采用因素预警法。

第五章 财务风险

三、风险预警推断

由于财务风险预警系统是在企业内部和外部信息输入的基础上,对企业生产经营情况的各个方面进行预测、推断,因此,财务风险预警推断实际上包括两个内容:一是输入信息的有效性推断;二是发展趋势推断。

(一)输入信息有效性推断

财务风险预警系统输入的信息,特别是来自企业外部的信息,具有不完全信息的特征,因而,应尽量运用信息推断原理来弥补信息的不足,同时,还需要推断信息的真伪,以确保输入信息的完整性和准确性。

(二)发展趋势推断

发展趋势推断是根据已经收集的历史和现状信息,经去伪存真、检验信息的有效性以后,对影响企业风险状态的约束条件、节点状态和流质状态的发展趋势进行推断。常用的发展趋势推断的方法主要可以分为两类。

1.类推法。即由某一因素来推断另一因素的方法。如果两个不同因素之间的相互联系规律是已知的,则其中的一个因素过去的发展模型(先导模型)可以用来预测另一个因素未来的发展趋势,这种方法就称为类推法。

类推法的前提条件就是寻找类似因素。当发现两种因素有某些基本相似点时,就可以揭示两种因素的其他相似之处,并认为两种因素是相似的。另外,当一种因素的出现经常伴随产生另外一种因素时,就可以认为这两种因素之间存在某些联系,亦即相似关系。

类推法的种类及其应用领域,取决于预测因素及先导模型之间联系的性质。如果这种联系可以用数学方法表示,则可称为定量类推。如果联系性质只能定性描述,则称为定性类推。

需求收入弹性系数法就是根据某种产品的市场需求与人均收入之间的关系,通过研究人均收入变化趋势来类推未来产品市场需求的变化趋势;而需求价格弹性系数法就是根据某种产品的市场需求与价格之间的关系,通过研究产品价格的变化趋势来类推未来产品市场需求的变化趋势。

2.趋势外推法。即由过去和现在推断未来。企业的发展大多是渐进式的,通过对大量其他企业和本企业发展过程的总结,可以发现企业的很多风险因素的发展,相对于时间有一定的规律性。如果掌握了风险因素过去的发展规律,就可以遵循这种规律进行预测,以推断风险因素未来的发展,这就是趋势外推法的原理。

常用的趋势外推法是一些比较简单的函数模型,如多项式模型、指数模型、指数曲线、生长曲线、包络曲线等。

四、风险预警预控

(一)约束条件风险预控

约束条件风险是指发生在企业外部的风险,也就是国际和国内宏观环境、产业和区域中作用于企业微观的风险。这些风险主要是由体制、政策、经济、金融、信用、市场和自然等方面风险构成的一个风险体系。

任何企业都要面对来自外部的约束条件风险,而且,约束条件风险会与企业内部的流质风险交互作用和交替出现,约束条件风险是通过企业内部的流质风险作用于企业,而对不同的风险承载对象产生不同的破坏作用,且企业内部的风险破坏效力又会扩大到企业的外部,形成新的破坏效力。

对于约束条件风险的预控,应着重从以下两个方面进行。

1.树立正确的风险态度。诺贝尔经济学奖获得者缪尔达尔曾就企业风险提出四点建议:①企业家的预期因时滞而存在主观风险。②时间因素隐含不确定性以及资本与生产结构调整的迟钝性。③从生产或供给者的观点来看,企业本身存在财务风险,企业拥有的资本越大,则财务风险将降低。④企业对待风险的乐观态度、低估风险或高估风险,及其风险分散与评估状况,对企业承担风险将产生重大影响。

由第四点可知,企业对待风险的态度,对企业的风险状况及风险后果均有不可忽视的影响。一味畏惧风险,则使企业失去许多的发展机会,造成机会损失;一味盲目冒险,则可能因对风险考虑不周或处理不力而导致风险损失。因此,企业应树立正确的风险态度。

2.建立稳定性和柔性相结合的生产经营体系。一般认为,稳定性是企业抗风险的一个重要因素。稳定程度越高,则越能抵消一些外部风险因素的影响。但是当外部风险因素发生实质性变化,或者大大超过企业的稳定力时,风险对企业的破坏力更大。

在某种意义上,企业的柔性是指其结构的弹性、整体的应变性及其对外部环境的适应性。具有柔性的企业不会与风险因素进行硬性的抗衡,而是去适应风险,随风险的变化而变化。一般情况下,企业柔性越强,适应风险变化及预控风险的能力越强。但是,由于风险变化的复杂性、企业柔性的有限性、决策反应的时间滞后性,以及为适应风险而进行调整的频繁性,将使企业在风险处理上并非经常有效。

企业的稳定性与柔性之间有时存在矛盾。大企业稳定性强,但由于机体庞大、产品结构滞重而削弱了其柔性。小企业一般具有一定的柔性,但往往因实力弱、产品单一、缺乏长久稳定获益的产品而缺乏稳定性。稳定性的抗风险功能类似于"以不变应万变",而柔性的抗风险功能类似于"以变应变",企业为了应对风险,就必须充分发挥稳定性及柔性的抗风险功能,因而要将稳定性和柔性结合起来,做到协调发展。

(二)流质风险预控

流质风险主要有人力资源风险、物流风险、资金流风险、信息流通畅性风险。

1.人力资源风险预控。人员流失风险是现代企业普遍面临的重要风险之一,特别是掌握企业商业秘密的技术人才和重要管理人才的流失,可能给企业造成重大的经济损失,并引起企业技术和管理方面的风险。对人员流失风险的预控,主要是建立科学合理的人才激励机制和约束机制。如对重要的技术和管理人才,采用现代期权激励制度,一方面,将人才的收入水平与企业整体的或部门的经济效益紧密挂钩,使人才付出的努力能在个人收入上得到体现;另一方面,通过期权的延期支付作用,将重要人才留在企业。

对企业人员能力风险(包括文化能力、管理决策能力、工作业务能力)的预控在于要建立一套完整的能力考核评估机制。由于能力的高低最终会反映在工作业绩上,所以,对能力的考核往往通过业绩考核来进行。企业通过预先针对所有岗位的职能要求,设置岗位业绩考评体系,通过岗位业绩考评体系,定期对在岗人员的业绩进行评估,以此判定员工是否具备从事该岗位工作的能力、知识体系是否合理、是否需要进行培训等。

2.物流风险预控。物流风险主要表现在顾客满意度、存货周转率、物流费用率、固定资产净值率等方面的风险。

由于物流风险可以通过以上4个可以定量计算的指标进行考核。因此,通过设定以上4个指标的警报准则,即可了解企业物流风险存在于哪个方面,然后有针对性地进行控制。

顾客满意度中的"顾客"不仅是指企业产品或服务的接受者,还指企业内部物流的接受者。因此,企业物流的每一个节点都是物流的提供者,也是上一个物流提供者的顾客。通过设置这种顾客满意度评价体系,可以发现企业物流中哪些环节存在问题,通过该指标的变动趋势分析,可以了解企业物流是否存在风险。例如,当企业内部物流系统的一些节点抱怨不能及时满足生产需要时,则应增强企业的物流配送系统的能力;而当企业内部物流系统的各个节点都抱怨物流不能及时供应的时候,则说明可能是企业物流系统的整体配送能力不足或企业外部物流供应链存在问题。而通过建立提高顾客满意度的具体措施体系,如优化企业的物流配送体系,就可以预控对应的风险。

存货周转率(次)是企业一定时期销售成本与平均存货的比率。存货周转率是评价企业从取得存货、投入生产到销售收回等各个环节管理状况的综合性指标,用于反映存货的流动性及存货资金占用量。企业的存货周转率越小,反映企业存货周转的速度越慢。通过设置这一指标的警报域值,可以及时了解企业存货周转存在的风险,而通过建立提高存货周转率指标的对策措施体系,如优化企业生产过程的组织、改进企业产品配送制度等,就可以预控相应的风险。

第五章 财务风险

物流费用率是指企业在一定时期物流费用占销售成本(费用)的比率。在企业产品(服务)的销售成本中,有一部分属于物流费用,当企业的物流费用率提高时,说明企业的物流可能存在环节过多、库存量增大、物流损耗增大等方面的问题。通过分析问题产生的具体原因,并制定相应的对策措施,就可以实现相应风险的预控。

固定资产净值率(成新率)是企业当期平均固定资产净值与平均固定资产原值的比率。该指标反映了企业所拥有的固定资产的新旧程度、固定资产更新的快慢和持续发展的能力。企业固定资产更新是企业物流的重要内容之一,对于已经运行较长时间的企业(新成立企业除外),该指标值应该控制在一定的范围以内,指标值过高,虽然企业的持续发展能力较强,但同时可能意味着企业的建设战线拉长、大量的新项目投产、企业处于不稳定状态。对这种情况的预控措施是错开企业新项目建设和投产的时间,等已经投产的新项目运行稳定以后再建设和投产其他新的项目。指标值过低,反映企业的技术水平长期没有得到提高,设备落后,或缺少新项目的投产。对这种情况的预控措施是要加快开发新的产品、对企业进行技术改造或建设新的项目,提高企业的技术水平。

3.资金流风险预控。资金流风险主要表现在利息保障倍数、流动比率、长期资产适应率、应收账款周转率等方面的风险。

利息保障倍数是企业一定时期税前利润与利息支出的比值,它反映了企业偿付债务利息的能力。因企业所处的行业不同,或利息倍数有不同的标准界限,国际上公认比较合理的值是3。该指标越高,表明企业的债务偿还越有保障;该指标过小,特别是当它小于1时,说明企业无力赚取大于资金成本的利润,企业的债务风险很大。该指标过小反映企业资金流存在的问题是企业的债务融资规模过大,或者企业债务融资的单位成本偏高,以致造成企业的融资成本过高。其风险预控措施是在该指标接近于3的时候即开始调整企业的债务融资规模,控制企业的债务融资在企业融资中的比重,增大通过所有者权益融资的比重。

流动比率是企业一定时期流动资产同流动负债的比率。其作用在于衡量企业资金流动性的大小，分析流动资产规模与流动负债规模之间的关系，判断企业短期债务到期前，可以转化为现金用于偿还流动负债的能力。该指标国际公认的标准为200%，过高或过低都不好。该指标过低反映企业资金的流动性较小，偿付流动负债的能力有限，其风险预控措施是在指标值低于200%时即要降低流动负债规模，如控制流动资金借款和其他短期借款的规模等。

长期资产适应率是企业所有者权益与长期负债之和同固定资产与长期投资之和的比率。它是从企业长期资产与长期资本的平衡性与协调性的角度出发，反映企业财务结构的稳定性和财务风险的大小。该指标在充分反映企业的偿债能力的同时，也反映企业资金使用的合理性。该指标的值应该大于等于100%。指标值越小，不仅反映企业的偿债能力越弱，同时也反映企业在盲目投资、长期资产挤占流动资金，或者负债使用不充分等方面的问题越大。但是该指标的值也不是越大越好，过高会带来融资成本增加的问题。该指标的警报域值目前没有统一的标准，应该根据企业的具体情况，参照行业平均水平来确定。

应收账款周转率是企业一定时期内销售（营业）收入净额同平均应收账款余额的比率。该指标用于反映企业应收账款的流动速度，即企业本年度内应收账款转为现金的平均次数。我国目前大部分企业的应收账款在流动资产中占较大份额，及时收回应收账款，能够减少营运资金在应收账款上的呆滞占用，从而提高企业资金的利用效率。该指标值越小，反映企业应收账款管理的问题越大，企业资金流的安全性越差，其预控措施是通过合理制定赊销政策、严格销货合同管理、及时结算等途径，加强应收账款的前后期管理。

4.信息流通畅性风险预控。通畅的信息流是企业进行风险预警的基础，也是企业生产经营活动的重要投入要素。信息流通畅性风险主要表现在外部风险反应能力和内部沟通能力两个方面上。信息流通畅性风险预警的主要预控对策是要实现企业从信息管理向信息资源管理的转变。

第五章 财务风险

信息资源管理是指在对信息需求、信息供给进行统筹考虑的情况下,对信息资源进行合理配置与充分利用,使信息资源的分布和结构合理化,信息流动和运用高效化,从而使信息资源的经济效益和社会效益不断得到提高。为保障企业信息流的通畅性,信息资源管理要做到以下几点:①建立技术先进的信息硬件系统。企业可通过建立 MIS、CIMS、ERP 等系统,夯实合理流通的物质基础条件。②从软件上保障信息流动的通畅性。在建立必要的物质基础后,信息系统的运行还必须依赖软件的建设,这里的软件,不仅包括系统运行的计算机软件应符合企业生产经营活动的特点,同时,还包括保障系统顺利运行的企业管理水平的提高。信息系统的运行,需要一定的企业管理水平作保障。企业管理水平低下,硬件技术、条件再先进的信息系统也是一个摆设。③建立健全的信息资源采集机制,特别是企业外部信息资源的采集,需要在机构、人员、资金、手段、制度等方面给予保障,以及时获取企业生产经营所需的信息资源。④建立规范的信息加工分析系统。企业收集的信息资源在初期往往是一些零散的资料,不具备直接的利用价值,企业只有根据信息资源使用的目的,设计和使用专门的信息加工分析系统,对信息进行加工处理,才能用于企业的决策活动。⑤建立信息的快速反应机制。一定的信息经过加工以后,可以服务于特定的决策活动,但是这种信息加工处理活动以及根据处理结果进行的决策活动应该是快速、及时的,它是信息资源产生经济价值的必然要求。这就要求企业要建立信息的快速反应机制,包括要建立信息资源的及时更新、及时处理、及时决策三个方面的制度。

(三)节点风险预控

节点状态是指企业组织机构中各部门规章制度的完备性和规章制度的执行情况。在建立完备的相关职能工作规章制度以后,实现对节点的风险预控成为企业风险预控的重要环节。实现企业风险预控,首先要建立一整套风险管理机制。

1.重视决策质量。有些风险以及风险损失是由决策者自己所造成的,决策质量低下,是其主要原因之一。所谓决策质量,是指决策者的整体素质、决策过程的科学性、决策方案的合理性以及与决策有关的计划与措施的正确性的总和。在当代企业,企业决策者应当不是单个的人,而是一个有权力层次的领导者群体。因而,决策者的素质是指企业对重大问题做出决策的领导班子的结构与能力。这里的结构包括知识结构、年龄结构、专业结构等,同时还包括权力结构。权力是一个人对另一个(一些)人的影响力和控制力。一个知识结构、能力结构和年龄结构合理的班子,如若权力结构不合理,也将导致决策质量的低下。

决策方案以及相关的计划与措施,也存在质量方面的问题。有些决策方案或计划缺乏信息依据,或者依据的是零碎的、滞后的、错误的信息,这种信息的不确定性将寄生在决策方案或计划之中,从而使决策或计划存在先天缺陷。有些决策虽然有足够的信息依据,但是由于决策者进行决策时存在思路错误、方法错误、环节疏忽、不合理偏好,而使得决策与计划不可行。

为确保决策质量,应采取有效的方法进行决策质量控制,漏洞管理便是其中的方法之一。所谓漏洞管理,是指对决策与计划中的漏洞进行寻找、预测、消除,以此起到对风险进行预先控制的目的。

一般漏洞分为以下几种类型:①由于信息不确定性而导致的先天性漏洞。②由于决策者主观偏好与认识能力有限性,而导致的主观性漏洞。③由于企业系统因时间变化、外部环境变动而导致的动态性漏洞。④由于部门之间衔接不当导致的接口性漏洞。对于不同类型的漏洞可采取相应的辨识、预测、消除等措施。

2.建立合理的组织体系。组织体系的合理性将影响企业的风险辨识能力和风险预控能力。有较强抵御风险能力的组织体系应具有以下特征:①组织结构应具有一定的弹性,以便能对风险做出快速反应。②组织结构应实现信息畅通,以便能有效地减少不确定性。③提高组织系统的协调性。风险辨识与处理往往需要企业各部门协调、配合,要求在风险辨识中能利用群体智慧辨析和预测风险,在风险处理中能做到目标一致、行动一致。部门之间的冲突,会导致决策及其执行的滞后,贻误风险处理的时机。

为了辨识和预控风险,企业应强化专门的风险管理职能,以对风险问题进行系统的、科学的统一管理,一些大企业可以建立专门的风险管理机构,如企业风险管理中心。风险管理机构建设是实施风险管理的基本保障,其主要职能包括:①企业危机分析与危机干预。②保险业务决策及保险的购买。③财务风险分析。④市场风险预控。⑤组织风险调适。⑥项目风险评估、论证、决策与监控管理。

3.逐级授权和制定禁止性规定。要使企业的每一个下属部门和专业人员都明白自己的经营管理范围和工作职责,以及经营管理范围和职责内的风险责任。

4.以职位分离为重点建立严密的制约机制。必须在机构和岗位设置方面认真贯彻内部制衡的原则。从大原则说,包括决策、操作、监控的分离,业务、财务、技术的分离,一线与二线的分离等;从具体岗位说,包括前台与后台分设,电脑人员与清算人员分设,风险管理和企业其他管理职能分设,会计和出纳分设等。而企业的中层管理人员,则必须分别通过企业高层和风险管理中心的考核,在分清责任和权利后委派、调动。

5.建立内部稽核制度。在企业生产经营活动中,要加强审计监督,在建立风险预警管理的同时,建立对风险的事中控制和事后补救机制。内部稽核部门除了进行合规性审计外,重点应当放在风险性审计上。一旦发现问题,应立即采取措施以尽量减少可能造成的损失。

6.加强风险指标的管理。在设置风险指标体系以后,要针对各风险指标的主要责任单位,制定风险指标的责任制度。根据企业各节点对风险指标的责任关系,在风险指标出现警报的时候,分清责任,实施风险预控对策。

第三节 财务风险控制

一、融资与投资

(一)融资

1.融资的概念。企业融资是指企业根据自身的生产经营情况及发展战略,筹集所需资金的行为。企业融资决策,则主要涉及筹集资金的数量、筹集资金的途径、筹集资金的成本方面的决策。从先后次序看,企业的融资决策往往在企业的投资决策之后。因为只有当确定了资金的需求后,才能筹划如何筹措资金。但也不尽然,有时企业往往先筹集资金再策划资金的使用。

企业融资根据不同的角度可以划分为不同的方式:①按融资的时间长短,可分为短期融资和长期融资。短期融资是指使用期限在一年以下的资金融入,长期融资则是指期限在一年以上的资金融入。短期融资一般通过商业信用、银行流动资金贷款等方式筹集;而长期融资一般通过吸收投资、发行股票、发行债券、长期借款等方式融入。②按是否通过金融中介,可分为直接融资和间接融资。直接融资是指企业从资金供应者那里直接融入资金,不通过银行等金融机构。间接融资则需要通过银行等金融机构,作为资金使用者的企业与资金供应者之间不发生直接的关系。③按资金来源,可分为内部融资和外部融资。内部融资即企业依靠自己内部的资金运动而提供所需的资金,如通过计提折旧、动用留存利润等方式。外部融资则是从企业外部筹集资金,如向银行借款、发行债券等。

从动机上看,企业之所以融资,主要有两类动机:一是扩张;二是偿债。扩张是企业融资的根本动机,因为偿债的目的还是为了能够得到更大的发展,也就是说,还是为了扩张。试想一个根本就不想扩大再生产的企业,很可能连偿债也不愿意了。

第五章 财务风险

企业融资决策的基本原则是：数量合理、结构优化、成本最低。

所谓数量合理，是指筹集资金的数量要与企业的生产经营活动对资金的需求相适应。筹集资金的数量少，就不能满足企业发展的需要；而由于无论采取何种融资方式，都是有成本的，因此，如果筹集的资金数量太多，就加大了筹资的成本。

结构优化则是指通过不同筹资方式筹集的资金在结构上要尽可能地达到优化的效果。不同的筹集方式，其成本不同，出让的权力也不同。一般来说，筹集成本高的，出让的权力就少；而筹集成本低的，往往出让的权力也多。如何在不同的筹集方式上进行选择，便是筹集结构优化的问题。

成本最低，即应使单位资金的筹资成本最小。

2.融资的渠道。

（1）权益资本融资：权益资本融资即以出让股权为代价而引入资金。所以，凡是出让股权的融资方式，都是权益资本融资。总体来说，有直接吸收政府、法人、个人投资的融资方式，有发行普通股的融资方式，也有发行优先股和认股权证的融资方式。

（2）负债融资：负债融资，顾名思义就是通过负债，或者说通过增加企业的债务来融入资金。根据负债方式以及债权人的不同，企业的负债融资主要有银行贷款、商业信用、发行债券、融资租赁等方式。

（二）投资

1.企业筹资管理。当新设立一个企业时，必须筹集最初的注册资金；当企业扩大生产规模时，需筹集应追加的资金；当企业存在季节性和临时性资金需求时，需筹集短期资金。筹资就是企业从自身生产经营现状及资金运用情况出发，根据企业未来经营策略与发展需要，经过科学预测和决策，通过一定的渠道，采用一定的方式，向企业的投资者及债权人筹集资金、组织资金供应，以保证企业客观需要的一项理财活动。根据企业筹资时所承担风险和付出成本的高低或筹资渠道的不同，可将筹集到的资金分为负债资金和权益资金。

2.投资管理。投资是指企业为了在未来取得收益而发生的投入财力的经济行为。它既包括兴建工厂、建造新生产线、购置生产设备、购买原材料等生产性投资，即对内投资；也包括购买债券、股票等有价证券投资，即对外投资。

3.投资决策。我们经常在公司的董事会工作报告、财务分析报告等文件中看到"投资决策"四个字，那么，什么是投资决策呢？投资决策是财务管理的核心。所谓投资决策，就是对投资什么、投资多少、怎样投资等事项的决策。首先是投资什么的问题。企业只有投资有价值的项目，才能收回投资，取得投资收益。所以，投资什么就成为企业投资决策的首要问题，也是投资决策中的核心问题。我们经常说到决策失误，在很大程度上就是指没有找好投资项目，也就是投资什么的问题没有解决好。其次是投资多少的问题，这需要根据项目的需要而定。资金需要量很大的项目，如果后续资金跟不上，往往会半途而废。即便有充裕的资金，也存在是一步到位还是分步投入的问题。然后是怎样投资的问题。企业不仅经常遇到难以找到好的投资项目的问题，也同样遇到可选项目不少从而难以选择的问题。是实施多元化投资策略，还是围绕主业深化投资？这些是企业在投资决策中必须处理好的问题。

二、财务控制与分析

(一)财务控制

企业财务管理由财务预测、财务决策、财务预算、财务控制和财务分析等环节组成。财务控制是指利用财务反馈信息，按照一定的程序和方法，影响与调节企业的财务活动，确保企业及其内部机构和人员全面落实及实现财务预算的过程。

1.财务控制的原则。

(1)目的性原则：财务控制作为一种财务管理职能，必须具有明确的目的性，为企业的理财目标服务。

第五章 财务风险

（2）充分性原则：财务控制的手段对于目标而言，应当是充分的，以足够保证目标的实现。

（3）及时性原则：财务控制的及时性是指应当及时发现偏差，并能及时采取措施加以纠正。

（4）认同性原则：财务控制的目标、标准和措施必须为相关人士所认同。

（5）经济性原则：财务控制的手段应当是必要的、没有多余的，财务控制所获得的价值应大于所需费用。

（6）客观性原则：管理者对绩效的评价工作应当客观公正，防止主观片面。

（7）灵活性原则：财务控制应当含有足够灵活的要素，以便在出现任何失常的情况下，都能保持对运行过程的控制，不受环境变化、计划疏忽、计划变更的影响。

（8）协调性原则：财务控制的各种手段在功能、作用、方向和范围方面不能相互抵触，而应相互配合，在单位内部形成合力，产生协同效应。

（9）简明性原则：控制目标应当明确，控制措施与规章制度应当简明易懂，易为执行者理解与接受。

2.财务控制的种类。财务控制可以按照不同的标志来分类。

（1）按照财务控制的时间可分为事前控制、事中控制和事后控制：①事前控制。事前控制，是在企业的经济活动进行之前，从价值管理的角度，进行不同方案的选择、可行性研究以及对效益的评价。具有典型意义的事前控制包括预测控制和计划(预算)控制；②事中控制。一种对进行中的生产系统作日常性控制的控制方式.事后控制方式起到亡羊补牢的作用,难免有为时已晚的缺陷；③事后控制。其是资金运动和经济活动在控制运行告一段落时，通过取得有关的会计资料，测定财务成本指标的实际完成数据，并与控制标准进行对比，检查考核其执行情况的过程。

（2）按照财务控制的主体可分为出资者财务控制、经营者财务控制等，出资者财务控制是出资者为了实现其资本保全和资本增值目标而对经营者的

— 109 —

财务收支活动所进行的控制。例如,对成本开支范围和标准的规定等。经营者财务控制是经营者为了实现财务预算目标而对企业及各责任中心的财务收支活动所进行的控制,这种控制是通过经营者制定财务决策目标,并促使这些目标得到贯彻执行来实现的。

3.财务控制的方法。财务控制的方法是以财务控制标准为依据,以信息反馈为中心,测定财务活动的状态,校正偏差所运用的手段和措施的总和。财务控制的方法主要有政策制度控制法、预算控制法、责任控制法等。

(二)财务分析

在市场经济条件下,决策的风险性或不确定性是人所共知的,因此人们就需要根据各种信息做出最优的决策。在经济决策中,这种信息大多来自企业财务报表及其分析。能否从财务报表中通过财务分析掌握更多的信息,并加以正确运用,从根本上决定着决策的科学性与合理性。

对于财务报表使用者来说,要想使单纯而枯燥的报表数字转化为有使用价值的信息,就必须掌握一套系统的分析方法。财务分析常用的方法有比率分析法、趋势分析法和综合分析法。

1.比率分析法。比率分析法是通过分析财务报表中两个或两个以上的项目所构成的具有鲜明财务意义的比率,以评价企业财务状况和经营成果的方法。比率指标按比较项目的内容可以分为三类:结构比率、效率比率和相关比率。

2.趋势分析法。趋势分析法是将一个企业连续两期或多期的财务报表数据进行观察、比较,对某些指标在不同时期的增减变动方向及变化幅度做出分析,以揭示该指标的发展变化规律,并为未来财务预测提供依据的方法。

3.综合分析法。通过以上所述的财务分析方法,虽然可以从某方面评价企业资产的流动性、偿债能力和盈利能力,但是,这种分析是片面的,互不关联的。为了从整体上全面评价企业的财务状况和经营成果,有必要在上述分析的基础上,运用一定的分析技巧,对财务报表进行综合分析。目前,在实务中,进行财务报表综合分析的方法主要有杜邦分析法和指数分析法。

三、财务管理风险

（一）了解企业财务风险

财务风险是从价值角度反映企业在财务活动中所遇到的风险。企业的财务风险与企业资金的筹集、运用和管理以及安全密切相关。

1.企业财务风险的定义。什么是企业的财务风险呢？这里所说的财务风险是指在各项财务活动中，由于企业受内外环境及各种难以预料或无法控制的因素的影响，在一定时期和一定的范围内所获取的财务收益与预期目标发生偏离，从而蒙受经济损失的可能性。

企业财务风险包括系统性风险和非系统性风险。系统性风险是指由于企业外部及不为企业所预计和控制的因素所造成的财务风险，如利率风险、汇率风险、通货膨胀风险等金融环境风险。非系统性风险是指由于企业自身某种原因所引起经济损失的可能性。非系统性风险来自企业内部的微观因素，例如，由于企业内部管理或其他工作人员的业务素质不高或责任心不强等产生的决策或其他失误所造成的损失，以及由于工作人员以权谋私、贪污受贿、吃回扣或其他违法行为所造成的损失等。

2.认识财务风险形成的原因。财务风险形成的原因有很多，总体来说可分为企业外部原因和企业内部原因。不同财务风险的成因也存在着相应的差别。

企业外部宏观环境因素，包括：经济、法律、市场、社会文化、资源等。这些存在于企业之外的环境因素会对企业财务管理产生巨大的影响。宏观环境的变化对企业而言是难以准确预见和改变的。宏观环境的变化必然会给企业带来一定的财务风险，例如，国际原油价格上涨带动国内成品油价格上涨，导致企业营运成本增加，利润减少，无法实现预期的财务收益。企业外部宏观环境具有复杂性和多变性，外部环境变化会给企业带来两种可能性：机会或威胁。企业财务管理系统如果不能适应复杂多变的外部环境，必然会给企业理财带来困难。

企业内部原因主要是由于企业财务管理人员对风险的客观性认识不足而引发的。财务风险是客观存在的,但凡有财务活动,就必然存在着财务风险。然而在实践中,许多企业的财务管理人员风险意识较低,认为只要管好用好资金就不会产生财务风险。因此导致决策失误经常发生,从而产生财务风险。同时,企业内部各部门之间在资金管理及使用、利益分配等方面存在权责不明、管理混乱的现象,造成企业资金使用效率低下,资金流失严重,资金的安全性、完整性无法得到保证。

3.财务组织结构风险的形成。财务组织结构风险是来源于财务部门结构设置不合理所带来的各种经营管理风险。企业的财务组织机构形式多种多样,各自具有优点、缺点及其适用范围,企业选择其一,便意味着暂时排除了其他形式,而且做出选择之后,所选择的财务组织便是相对稳定的,不能随意变动。因此,这种选择是否最优,能否达到预期的设计目标和要求,能否符合企业财务管理实际,还存在着很大的不确定性以及一系列的财务风险。

(二)财务风险管理与防范

财务风险不是一成不变的,它会随着一定条件发生转化,或者加强或者削弱。这也就是说财务风险不是一个常数,而是一个变数,是相对于不同的经营者及其抗衡风险的能力而言的。如随着人们识别风险、认识风险、抵御风险能力的增强,其在一定程度上降低了风险导致损失的强度、范围和风险的不确定性,减少了风险发生的机会、概率以及不可控风险发生的破坏力。

1.财务风险管理内容。任何企业在其生存发展过程中,都不可避免地面临着来自企业外部和内部的系统性风险和非系统性风险。这种财务风险不仅具有客观性、不确定性、损害性,同时还具有风险与收益的对称性。企业在面临某些财务风险的同时,往往蕴涵着多种潜在的盈利机会,风险越大潜在的盈利机会越多。因此,企业对待财务风险的态度应该是采取积极的风险管理策略,而不应该消极对待、简单回避和无所作为。

在日趋变化的现实社会及经济环境中,企业风险管理能力尤其是对财务风险的管理能力已成为企业生存发展的核心能力之一。从某种意义上说,企业经营管理的实质就是管理和控制财务风险。

2.财务风险管理职能。财务风险管理职能也称财务风险管理功能,是财务风险管理本质的反映,也是财务风险管理的内在功用。财务风险管理职能主要是解决财务风险管理做什么的问题,是为实现上述风险管理目标所从事的基本工作。

3.财务风险应对策略。当企业出现风险状况时,就要推出具体的应对对策。应对风险的对策有很多种,包括主动的、积极的进攻策略,也称为财务风险调控对策,它是指主动出击,抵消风险的作用力,防范风险的发生,堵塞风险发生的缝隙,积极地控制风险、引导风险,该策略服务于治本性财务风险管理目标;还有被动的、消极的防守策略,也称为财务风险处置对策,它是指对财务风险做出回避、转移、分散等处理,使经营者减少或者补偿财务损失,改善所处的环境,摆脱被动局面,该策略服务于治标性财务风险管理目标。财务风险应对对策的具体操作方法包括规避、布控、承受、转移和对抗等。

4.财务风险防范与控制措施。企业财务风险在企业经营中是必然存在的,企业应根据自身的实际情况采用正确的风险管理方法,制订严格的控制计划,使风险降到最低程度,从而为企业创造最大的收益。

(三)财务管理风险

1.财务制度风险。财务风险是企业自始至终都会面临的问题。增强财务风险意识,最大限度地防范和控制财务风险,是摆在总经理面前十分重要的课题。众所周知,企业经营业绩的好坏、制度是否有效,其根本原因取决于管理方法的科学性、合理性及管理水平的高低。因此,制度控制就显得很重要。加强财务制度建设可以帮助企业完善风险管理、堵塞管理漏洞、避免损失浪费;改善经营管理,维护企业合法权益;帮助企业正确决策,提高经济效益。

2.财务监管风险。每一个发展中的企业都会遇到财务监管问题,有效的财务监管可以促使企业总经理放心授权,全心致力于企业发展。财务监管是指依照企业财务制度,对企业各项经营活动实行监督,并利用正确的会计信息对经营活动进行全面、综合的协调、控制,以达到提高经济效益的目的。

3.财务计划风险。企业经营既要有规划性又要有计划性,预算管理就是计划性的一种体现。有了良好的预算管理,企业经营就会在有序的轨道上运行;倘若企业忽视了预算管理,就可能处于财务风险之中。

(1)业务预算:业务预算也叫经营预算或营业预算,主要包括与企业日常业务直接相关的销售预算、生产预算、直接材料及采购预算、直接人工预算、制造费用预算、产品成本预算、期末存货预算、销售及管理费用预算等。其中,销售预算又是整个预算体系的编制起点,因为企业要面对市场,根据市场用户需求来组织产品生产。所以,企业首先要编制销售预算,只有把产品的品种、数量、销售收入确定了,才能编制生产预算;有了销售预算、生产预算,营业费用预算、管理费用预算才能编制出来。

(2)专门决策预算:专门决策预算是指企业为那些在预算期内不经常发生的、一次性业务活动所编制的预算。其主要包括根据长期投资决策结论编制的与购置、更新、改造、扩建等固定资产决策和无形资产投资决策有关的资本支出预算,以及与资源开发、产品改造和新产品试制有关的生产经营决策预算等。固定资产和无形资产在企业中的投资额越大,回收期就越长,一旦投放将长期影响企业经济效益,因此做好资本支出预算很重要。

(3)财务预算:财务预算主要指反映企业预算期现金收支、经营成果和财务状况的各项预算,包括现金预算、预计利润表和预计资产负债表。财务预算是依赖于业务预算和专门决策预算而编制的,是整个预算体系的主体。现金预算又叫现金收支预算,是规划预算期现金收入、支出和资金融通的一种财务预算。现金预算可以说是上述预算的综合,因为销售预算会带来现金收入,而生产预算、成本费用预算和专门决策预算等则会带来现金支出。如果现金流入大于现金流出,那么说明企业现金有节余,若企业有银行借款就可以考虑还款；如果现金收入小于现金流出，那么说明企业现金不足，就要筹措资金。现金预算一般由企业财务部门编制。现金预算编制完毕后再编制预计资产负债表和预计现金流量表。企业资产负债的变化与现金流入流出有很大关系。产品销售出去了，钱收回来了，银行存款自然就增加了。同样，还贷负债减少，货币资金、银行存款就会减少。现金流入、流出往往和资产负债的变化有很大关系。

第六章 会计管理的理论研究

第一节 会计管理概述

一、会计管理的意义

我国国有资产流失较为严重,并呈现出了增加的态势,不严格的会计监督管理方式是导致这一结果的原因之一。会计管理指的是,在经济体制下,对各企业会计实务管理与组织的方式。在经济体制下,会计管理工作要与其发展的需求相适应。从调查分析中可知,目前,我国会计管理与经济体制相适应的调整比例还是比较低的。

从这个调查结果中可以知道,我国会计管理工作的改革还是比较滞后的,也无法满足新经济体制发展的需求,甚至给经济的进一步发展带来了一定的阻碍,具体情况从以下方面进行分析:首先,从组织方面分析,会计管理主体与所要管理的对象出现了脱离的状况,联系不密切。由于会计管理的主体是财政部门,而管理对象是各级会计工作人员,从归属方面分析,财政部门与会计从业人员不是同一个主体。因此,出现脱离的状况后,使得财政部门无法将会计管理的任务进行分配,也无法进行有效的考察;其次,从利益约束方面分析,财政部门与会计从业人员之间也是处于分离的状况,财政部门的利益是国家政府层面的,而会计从业人员的利益与其所在的企事业单位的经营情况有着一定的关联。据调查分析,会计从业人员在维护国家利益与维护所在单位利益方面,更加倾向于维护所在的单位利益。这样便会导致偷税、漏税现象的发生,并对国家的利益造成一定的损害,进而导致国有资源出现大量流失的违法行为发生,使国家的宏观会计目标难以实现;最后,由于没有一套完善的会计管理方法,进而导致会计管理工作出现混乱的局面。当前,我国会计从业人员的数量是非常多的,但是,从人员综合素质方面分析,还存在着一定的问题。所以,需要加强会计从业人员的培训及其教育工作。

二、会计管理存在的问题

(一)信息出现失真的现象

会计信息可靠能够使政府与企业更好地进行决策,如果会计信息出现了失真、混乱的局面,就会给国家的宏观调控工作带来一定的误导,并影响到国家的利益。另外,会计信息失真还会给领导者决策带来一定的影响。[①]

(二)会计管理意识薄弱

很多领导者不重视会计管理工作,会计管理对企业的重要作用也没有被充分意识到。在会计管理的控制机制上,还存在着一定的薄弱环节。有的企业管理混乱,而且没有制定一套切实可行的监督审核程序,进而导致不能真正落实相关政策;有的基层领导为了将任务尽快完成,往往忽略了会计管理工作,如没有对会计科目进行认真核算,导致乱用科目的现象发生;有的为了获得不当收入,私自建立"小账本",对会计报表弄虚作假。由于会计管理制度的不严格,导致这些现象的出现,还会给经营带来一定的阻碍,影响到企业的有序发展。

(三)会计法规缺乏一定的执法力

伴随着经济的迅速发展,会计工作逐步规范,国家也出台了一系列的法律法规,以改变无法可依的会计状况,但是,国家还没有出台一套严密的法规,一些关键的细则没有及时制定,因此,对于现在的会计法律法规已无法满足会计改革的需求,在会计工作中,缺乏具体的细节指导。通过研究发现,目前还存在着很多违法现象,其手段也较为明显,而有的行为通过监管部门监

[①] 徐莹.会计政策下信息失真的探析[J].中国集体经济,2017(16):2.

督,是能够避免的。立法不到位、执法不严格,导致了一些不良行为的出现,也影响到国家的利益,还给企业的经济效益造成一定的损失。

(四)监督机制不到位

在会计管理工作中,不管是企业外部还是内部,都会出现一系列的监督问题。在企业内部,财务监督方面的工作主要是员工内审,而人事与薪酬方面是由管理者掌控的,所以内部监督只是形式主义,没有真正发挥出其应有的作用。而执行外部监督的注册会计师有时在素质、职业道德等方面与实际情况存在一定的差距,加之恶性竞争现象的存在,使其在审计的时候,往往流于形式。

三、会计管理的控制措施

(一)结合信息化形式进行管理

在对会计工作进行管理的时候,可以设计一个数据库,实现会计信息的网络化管理,通过分类储存的方式,可以有效节约数据查找、补录等的时间,进而大大提升工作效率,提高会计工作的质量。

(二)健全企业内部监管体系

要提高企业内部监督管理的水平,会计工作就不仅仅是会计部门的工作,更是企业经济发展的关键。因此,建立一套切实可行的监督管理体系,有利于提升会计管理质量。在适当的时候,企业还可以通过引入第三方机构,对会计管理工作进行监管,从而达到理想的效果。

(三)会计监督机制的改革

在会计管理工作中,政府要以适当的立法为基础,可以把会计实务交由相关团体进行管理,这样政府就可以专注于立法管理工作,对法律法规进行建设,保证有法可依,从而提升政府对会计工作的管理效率。

(四)提高会计从业人员的整体素质

在管理工作中,要先以职业道德培训为主,一方面,强化培训力度,进而大大提升会计从业人员的专业水平和综合素养;另一方面,还要对会计从业人员进行监督,对会计发展现状进行分析,并全面做好审核管理,发现问题及时整改,从而更好地促进企业会计工作的开展。

(五)会计制度的制定

一套完善的会计制度,可以对会计部门所要承担的责任进行明确,保障会计管理工作有序开展。而企业管理人员要有责任心,发现问题及时进行整改。要以《中华人民共和国会计法》作为依据,与企业内部的制度有机结合起来,实现会计工作的规范化管理。要与其他管理部门配合,以企业经济发展为目标,对会计制度不断进行优化,从而降低问题出现的概率,进而推动企业的健康发展。

(六)增强会计从业人员的业务能力

近年来,随着各项技术的发展,会计从业人员的业务能力也要不断提升,才能适应社会发展的需求。企业要不定期对会计从业人员进行会计业务的培训,并通过引入其他单位的优秀会计人员,对本单位员工进行培训。此外,企业还要鼓励会计从业人员对理论知识进行学习,提升业务能力,从而更好地为企业的发展作出应有的贡献。综上所述,随着市场经济的快速发展,在企业管理工作中,会计管理的地位越来重要。企业的管理人员需充分认识到会计管理的意义,针对存在的会计问题,采取切实可行的会计管理控制措施,从而推动企业健康有序发展。

四、会计管理的未来发展趋势

网络的兴起,使得越来越多的网络企业、虚拟公司等依托于网络平台迅速发展起来,这就给实体企业造成了很大的压力。但是,网络企业一般具有临时性,企业的持续时间并不是很长,所以也并不适合像实体企业一样的会计管理模式。另外,现在时代变化非常迅速,这也导致了企业与企业之间的竞争越来越激烈,企业面对层出不穷的问题和竞争对手,需要当机立断的决策力和执行力,这也间接造成了会计分期假设的失效。随着我国大数据时代的到来，科学技术的应用深入各个领域中。我们也要提高自身综合素养和专业水平，会计基本假设的界定有待被重新审视。

第二节 会计管理质量控制

随着国内市场经济的不断完善和发展，企业在面临极大发展机遇的同时也面临着很多的挑战。会计管理作为企业内外调控的重要手段，对企业的财务收入以及人事调动起着举足轻重的作用。而目前会计管理的质量并不高，一旦在某一环节出现问题，必然会对企业发展产生严重的影响。

对于企业来说，提高会计管理的质量是保障企业未来可持续发展的重要前提。这是因为会计管理的质量直接关系到企业的盈利等，会计管理如果出现偏差，很可能导致企业的资金链受到影响。

从现今的企业会计管理工作来看，大部分会计管理人士对会计管理工作的认识并不到位，没有真正理解会计管理的重要性。对于企业而言，会计管理工作对企业的资金和产品流动有着直接的影响。企业通过会计管理能够控制住内部的产品生产及外部运营，从而在市场中获取最大的经济利益。然而，部分企业没有真正落实好会计管理工作，过多地将注意力放在了生产工作上，使得会计管理人员缺乏一定的职业素质和管理规范，会计管理的质量日益下降，难以发挥其调控作用。与此同时，企业的成本控制及核算工作的开展都离不开会计管理的支撑，会计管理制度的不完善导致企业的生产效率和经济效益受到影响。除了对会计管理工作的认识不清外，部分企业管理者对法律法规的认识不足也是导致相关人员追名逐利而忽视法律法规的重要原因。如果企业及会计管理人员不对这些问题加以认识和处理，势必对整个行业和市场经济造成巨大的冲击，影响其协调发展。

另外，会计管理质量下降的最大原因是监管制度的缺乏。现今很多企业虽然在内部设置了监管机构，却常常出现监管不严、财务会计报表造假的情况，这些都是因为会计管理工作没有得到严密监控。

第六章 会计管理的理论研究

不断完善会计管理制度及规范,明确会计管理质量控制的重要性是实现企业会计管理工作转型的重要前提。企业要想提高内部的会计管理质量,首先就要确保本身会计管理工作的制度和规范得到明确的规定和解释,这样才能增大企业会计管理工作的弹性,以便会计管理工作与企业生产工作更快速地结合起来。另外,企业管理人员要利用一切可利用资源扩大信息量,增加会计管理工作的科学性和时效性。财务会计报表要求透明、完整、真实可靠,要能够显示出企业财务及其他非财务信息,如企业内部管理层对会计管理人员的调动及职业培训、企业外部的经营业绩、企业的发展前景等。不管是企业管理层还是会计管理工作人员都要提高对会计管理工作的认知,认识到其对企业发展的重要性。企业管理者要强化对会计管理人员的职业培训,完善相关的管理制度,确保会计管理工作的顺利开展,提高会计管理的质量。专业人士还要加强对国家相关法律法规的认识和学习,不断提高自身的法律意识,在合理、合法的条件下进行会计管理工作,这样才能使企业更快地走向国际市场。

建立明确的监督系统及制定产权制度。企业应建立符合我国国情的会计管理监督系统,这是保证产权、提高会计管理质量的关键。企业管理者要明确自身与市场的经济关系,积极鼓励会计管理人员实现管理创新,自主选择统筹方式和规范组合形式,使会计管理工作在遵守国家制度的前提下,实现资源配置和管理效率最大限度提升,从根本上提高会计管理的质量。企业要通过产权制度的规范作用来规避徇私舞弊的行为发生,以提高自身的经济效益。与此同时,企业要引入考核竞争机制,通过业绩考核来约束管理人员,提高他们的职业道德素质,使他们能够自觉维护企业利益,自觉承担起相应职责,以保证会计管理的真实性。

加强会计管理队伍的建设。要想提高会计管理的质量,就必须提高相关工作人员的职业素质。首先,企业要定期对管理人员开展培训,更多地学习现代会计管理的理论和方法,提高会计管理的工作效率。其次,会计管理人员要认真学习国家的法律法规,增强对优惠政策的认识和利用。最后,企业要重视对管理人员的职业道德素质的培养,加强宣传教育,杜绝违法乱纪的行为出现,这样才能让会计管理工作得到更好的发展。

综上所述,企业要想提高会计管理质量,就要切实落实会计管理工作的开展进度,加强制度建设,提高会计管理工作的时效性。企业管理层和会计管理人员要提高对会计管理质量的认知,在企业内部建立合法的监管体系,开展会计管理的培训活动,提高相关管理人员的职业素质,让企业更好地适应现代化市场经济的发展潮流,提高企业经济效益。

第三节 科技革命与会计管理

一、科技革命与会计管理范式创新的含义

科技革命是指科学和技术发生的质的变化,每一次科技革命都给人们的生活带来翻天覆地的变化。会计是随着经济发展产生的,企业的产生和发展都离不开会计。随着社会的不断发展,原始会计管理必须审时度势、不断创新,来适应市场经济的变化。

提到科技革命与会计管理范式创新,我们都不会把这两个词语联系在一起,更不会想到两者之间有什么样的关系,其实两者是有一定联系的。科技革命会促进社会的发展和人们生活水平的提高,与此同时,生产资料和劳动力水平也会有所改变,这样会直接促使经济飞速发展。社会经济的发展会使企业中的会计职位受到影响,企业中传统的会计管理已经不能适应社会经济的发展要求,然而会计行业在企业中起到举足轻重的作用,因此只能不断改进会计管理范式,使其紧跟着时代的发展步伐。

二、科技革命与会计管理范式创新的发展

在原始社会时期没有会计这一职业,但据考古学家研究发现,在原始社会人们为了记录狩猎获取猎物的数量采取了在绳子上打结的方式,每一次收

第六章 会计管理的理论研究

获猎物就会在绳子上打一个结，大的猎物就打一个大结，小的猎物就打一个小结，用来计算自己的劳动收获。慢慢到了奴隶社会，创设了司会，以记录和管理国家的钱财、粮食，会计的雏形就是这样产生的。到了秦朝，秦始皇统一了货币，"会计"这一职业有了更细的划分，形成了自上而下的会计机构。负责国家财物的保管、收支的称为治粟内史；负责皇室财物的保管、收支的称为少府；负责国家政治、经济的称为御史中丞；负责掌管国家图书、档案的称为御史大夫。一直到近代社会，才真正出现了"会计"职业。随着科技革命的到来，会计管理也在不断创新，以适应市场经济的发展和需求。

三、科技革命推动会计管理范式不断创新

科技革命推动会计管理范式不断创新，可以总结为四次变革：第一次科技革命促进了簿记（单纯记账、算账，没有会计理论支撑）向传统会计的变化；第二次科技革命使传统会计有了一定的变化，逐渐适应社会的发展；第三次科技革命促使会计理论形成，使会计行业有了理论的支撑；第四次科技革命使我国传统的会计行业慢慢步入国际轨道，与国际市场接轨，会计管理范式实现国际化。每一次的科技革命都对会计管理产生影响，促使会计管理逐步有了质的改变。

会计假设虚拟化。第四次科技革命使我国传统的会计行业与国际市场接轨，使会计管理范式实现国际化。首先表现为会计假设虚拟化，会计管理的范围越来越大，已经无法界定其管理范围。原始会计管理是对货币、财物等进行直接的实物管理，而现代信息社会都是虚拟的数字管理，不是"看得到，摸得着"的实物。会计对企业的管理也不再是进出账的记录，更多地涉及企业并购、管理融资等环节。

会计程序的创新。原始的会计程序是簿记，会计人员在记账本上记录企业总账、进账、出账等企业日常账目，或者采用消费凭证、记账凭证等。这种原始的会计记账程序较烦琐，已经逐渐被新的会计程序所代替。现在企业多是采取数据库的形式，把企业的总账、进账、出账等输入驱动程序

中,这样查账时只需要进入数据库,查阅、调出数据即可。获取不同的数据,只需要运用相对应的程序,这样的会计程序迎合市场的需求,省时省力、准确高效。

会计确认与计量的创新。传统的会计确认与计量方式是现金制的,这种制度与现代经济的发展不相匹配,现金制必须要有交付的过程,有一定的局限性。这时需要制定一种能够及时反映企业盈利和亏损状况的制度,体现企业现在所具有的市场偿付能力和对于突发情况的应变能力,为使用者提供相对准确客观的企业现况信息,从而帮助企业管理者做出及时有效的决策。

会计规范的创新。经济全球化趋势不断加强,因此我国会计规范也要与国际并轨,形成一种国际通用的会计规范与准则。当然这种规范与准则是根据国际会计标准来制定的,不同国家、不同企业也有其自身的特点,各个国家在国际会计准则的基础上可制定适合本国的会计规范与准则。在这种背景下,可以确保会计信息更加真实、更加可信,便于理解、查阅。

四、会计管理范式的创新促进科技进一步发展

科技革命与会计管理二者是互相作用的,科技革命使会计管理不断创新,同样会计管理范式创新也反映市场经济的发展状况,会计管理的变化是顺应市场的发展,与市场经济的需求同步的。另外,会计管理范式创新推动科技不断发展。有需求就会有发展,任何科技的变革都是为了满足人们的需求,市场经济在进步,企业也会不断发展来顺应社会,与此同时,企业对会计管理还会提出新的要求。这样就需要科技不断变革、推陈出新,因此会计管理范式创新也推动了科技的发展。

总之,科技革命与会计管理是相辅相成的,科技革命促进了会计假设虚拟化、会计程序的创新、会计确认与计量的创新、会计规范的创新;会计管理范式的创新也促进了科学技术的进一步发展。

第四节 企业会计管理监督体制建设

一、企业会计管理监督体制存在的问题

（一）家族式管理模式

在一些企业中，股权呈现高度集中的特点。并且，通过分析我国的企业可知，其中相当部分比例的企业是民营性质的企业。在这些企业中，家族企业比例很大。企业的所有权、经营权和监督权三权合一固然有其优势，如中小企业在初始创业阶段工作效率高，能够做到快速反应。但是，随着企业规模的逐渐扩大，企业越来越需要引进更多的人才。对于家族企业而言，非家族成员进入企业管理层，很难与家族成员获得同岗同酬的待遇，这样就会导致不公平竞争，不利于企业会计管理人才的培养。

（二）纪律执行不严密

由于没有严格的规章纪律要求，很多会计从业人员会利用手中的权力弄虚作假，不仅使企业的工作开展变得极为混乱，还会造成严重的经济损失。一些违法乱纪的行为如果任其发展，不仅使企业经济受到损失，更严重的是还会扰乱社会秩序。

（三）会计人员意识薄弱

部分企业的会计从业人员在陈旧错误的观念影响下，对于企业会计管理监督缺乏重视。这种行为是严重缺乏职业素养和法律意识的。会计职业最大的要求就是真实和严密，这两个要求遭到破坏就会带来很严重的问题和后果。甚至一些会计从业人员无法抵挡诱惑，出现徇私舞弊的行为，跨越了法律的底线，严重扰乱了企业会计工作的进行。

（四）预算控制力度不强

对于科研项目来说，在合理范围内进行科学缜密的项目经费预算和保证

现代财务与会计管理研究

项目经费的落实是至关重要的。但是,目前很多企业既做不到合理的预算和控制,在经费落实上也无法及时完成。这些情况的发生根源就在于没有建立一套完善的项目经费审查监督制度,只有制度完善,才会使得这一项工作真正落到实处。

(五)会计管理监督体制不健全

企业内部存在的管理监督方面的问题,其根本点是因为尚未确立一套完善的规章制度。如同法律一般,会计的管理监督需要合理合法,并以有效的制度为支撑。只有做好这一点,会计管理监督工作才能有条不紊地进行,才能确保整个执法过程中全面监督管理的实现。

二、建立会计管理监督体制的具体方式

(一)完善会计监督立法

加快立法来保障会计管理监督体制的完善是根本的、必要的。要明确企业会计管理监督部门在整个监督管理体系中的主体地位,这是毋庸置疑的。同时,在立法的时候,应当充分结合我国目前经济发展的阶段和特点,以及我国自身的国情,切实制定符合我国发展规律的、完善的、详细的法律制度。要配套完善的执行体系,确保监督工作不再是纸上谈兵,而是落到实处。在法律的支撑下,企业会计监督管理体系可以自主有序地进行,保障会计从业人员依法行使监督权,可以采取如下措施:进行举报监督,提供安全的举报途径,对举报人进行奖励,激发监督人员的工作热情和激情。

(二)增强会计人员责任意识

加强对企业负责人的教育管理。企业负责人是该企业会计行为最直接的责任人。因此,其对于会计工作的监督管理是在进行负责人考核时必须包括的一个项目。只有负责人充分引起重视,才能使得监督管理工作最大程度、最高效率地展开。同时,必须针对企业负责人进行会计知识相关的系列培训,只有了解该行业的具体情况才能对症下药,有效、合理地进行监管。此

外,针对会计从业人员道德素养、职业涵养的培训也是必不可少的。要让会计从业人员工作时有崇高的使命感和坚定的法律观,从而处理好各种利益关系,不做出违法犯罪的行为。

提高企业会计人员的门槛,增强对会计人员的考核力度。每个企业,在制定岗位基本规章制度时,应该充分结合企业自身的实际情况,明确该企业会计从业人员所需遵守的基本准则。从根本上提高企业会计人员的责任感和归属感,提高他们的工作积极性。此外,会计行业的从业人员必须不断更新自身的知识,增强自身的能力,企业应当大力支持会计从业人员继续教育和专业深造,不断提高他们的专业能力。最后,必须将考核与绩效挂钩,考核不合格的人员要在限期内做出改正,进一步提高对自身的要求。

(三)健全企业会计管理监督体制建设

1.解除人员之间的利益联系。在企业中,会计的工作总是会与各种因素相关,或者是受到企业自身和领导的影响,大幅度降低了会计工作的监督管理水平。在这种情况下,最好的办法就是将领导者从企业利益之中剥离出来,保证会计工作独立进行。在进行人员的任免调动过程中,应当充分考量被任命人员和当地负责人之间的利益关系,也就是说要解除人员之间的利益联系。

2.健全内部会计管理监督制度。企业内部会计管理监督制度的建立,必须充分贯彻落实不相容职务的分离。要使得经济活动中的各个人员之间没有相互的联系。同时,人员之间彼此存在制约,这样可以在一定程度上减少违法犯罪行为的发生。尤其是对于重大经济活动的决策、实施要实现整个过程严格监督和不同程序之间的制约。要制定完善的内部检查控制制度,明确财产清查的范围,同时配套合理完善的规范体系。所有的规章制度都要保证切实落到实处,而不是一纸空谈。在会计电算化普及之后,要在最短的时间内根据新的环境对监管体系做出改变,加强会计质量和信息的监管。

3.监督项目经费预算。首先,针对每一个项目,都要进行严格的成本核算以及预算审查,确保预算控制在合理的范围之内。其次,科研经费的使用一定要严格明确其花费途径,对于不合理、不明确的支出要进行及时的整治和总经费的调整。再次,经过前期严格审查之后,也不能放松对实际使用过程的监管,必须使得监管落实到经济活动的全过程。最后,建立审批制度,严查报账的合理性、合格性与真实性。对于出现的虚假乱报现象进行严格的查处与惩办。总之,最重要的一点就是所有规章制度能否落到实处。因此,保障管理监督体系有效发挥作用是很重要的。

  4.健全管理监督体制。在某些方面,会计人员从事的经济活动易受到上级领导的影响。这种现象往往会导致很多腐败违法的行为发生。因此,如何能够保证会计从业人员工作的独立自主性,是会计管理监督制度在制定的过程中一个很重要的考虑点。只有保证会计工作职能作用的发挥,才能避免违法乱纪现象的产生。对于企业领导者和会计从业人员之间利益关系的监督以及管理,是关乎企业建设的重要方面。除了企业内部需严格管理监督体系的建设,还可以采取人员任命和本企业分离的措施,这能在一定程度上断绝领导者与会计人员之间的利益关系。此外,还应该使得会计从业人员之间存在相辅相成但相互制约的关系,以避免大规模的会计舞弊违法现象发生。最后,要保证工作体系和监督体系的透明化,明确企业的财产清查范围,简化管理监督复杂度,要用最短的时间发挥企业会计管理监督体系最大的作用。

(四)加强综合监督执行力度

  加大综合监督力度,不断提高相关部门综合监督的能力和水平。在具体的会计管理监督过程中,《会计基础工作规范》应当作为监管过程最基本的指导,同时依据各个企业自身的实际特点和工作情况找出其自身存在的不足和监管盲区,查漏补缺、对症下药。这样才能做到整个管理监督体系的不断完善和效率的不断提高。对于在工作过程中尽忠职守、恪守规矩的职工应当给予表彰奖励,而对于违法乱纪的人员应当严格处罚。

  在执法过程中,应加大力度,审计、财政、税务三部门合理分工进行监督。在企业的预算执行、计划完成以及财务收支等方面应该进行严格的监管,财务监督应当以本单位的会计信息质量为主进行严格核查。财务职能部门作为整个工作体系的核心,应当主动承担起部门内部的管理监督工作。每个企业的会计信息汇总起来将会对社会的经济秩序产生深刻的影响。同时,税务监督也是对企业进行监督的主要手段之一,主要核查的是纳税人依法纳税的情况。

随着社会的不断进步和发展,我国企业在会计工作中存在的诸多问题得到了一定的解决,同时也面临着更大的问题与挑战。因此,我们必须在这个问题上引起足够的重视,才能使会计活动的开展紧跟时代的步伐,更好地为国家经济建设服务。同时,会计管理监督体系也要不断与时俱进,更好地为会计活动服务,从而推动企业的快速发展。

第七章 财务会计货币资金和固定资产管理

第一节 货币资金、资产概述

一、货币资金的内容

货币资金是企业经营过程中以货币形态存在的资产,是企业资产的重要组成部分,也是企业资产中流动性较强的一种资产。任何企业要进行生产经营活动都必须拥有货币资金,持有货币资金是进行生产经营活动的基本条件。货币资金作为支付手段,可用于支付各项费用、清偿各种债务及购买其他资产,因而具有普遍的可接受性。根据货币资金的存放地点及其用途的不同,货币资金分为现金、银行存款、其他货币资金。就会计核算而言,货币资金的核算并不复杂,但由于货币资金具有高度的流动性,因而在组织会计核算过程中,加强货币资金的管理和控制是至关重要的。

二、货币资金的控制

货币资金是企业资产中流动性较强的资产,加强对其管理和控制,对于保障企业资产安全完整、提高货币资金周转和使用效益具有重要的意义。加强对货币资金的控制,应当结合企业生产经营特点,制定相应的控制制度并监督实施。一般说来,货币资金的管理和控制应当遵循如下原则。

第一,严格职责分工。将涉及货币资金不相容的职责分由不同的人员承担,形成严密的内部牵制制度,以减少和降低货币资金管理上舞弊的可能性。

第二,实行交易分开。将现金支出业务和现金收入业务分开进行处理,防止将现金收入直接用于现金支出的"坐支"行为。

第三,实行内部稽核。设置内部稽核单位和人员,建立内部稽核制度,以加强对货币资金管理的监督,及时发现货币资金管理中存在的问题,改进对货币资金的管理控制。

第四,实施定期轮岗制度。对涉及货币资金管理和控制的业务人员进行定期轮换岗位。通过轮换岗位,减少货币资金管理和控制中产生舞弊的可能性,并及时发现有关人员的舞弊行为。

三、货币性资产的概述

货币性资产是持有的货币资金和将以固定或可确定金额的货币收取的资产,包括现金、应收账款和应收票据以及准备持有至到期的债券投资。这里的现金包括库存现金、银行存款和其他货币资金。其基本特征是:这些资产在将来为企业带来的经济利益,即货币金额是固定的或可确定的。一般来说,资产负债表所列示的项目中属于货币性资产的有货币资金、准备持有至到期的债券投资、应收账款、应收股利、应收票据、应收利息、应收补贴款、其他应收款等。

"非货币性资产"是"货币性资产"的对称。其是货币性资产以外的资产,包括存货固定资产、无形资产、股权投资以及不准备持有至到期的债券投资等。其基本特征是:这些资产在将来为企业带来的经济利益,即货币金额是不固定的或不可确定的。

第二节 现金、银行存款

一、现金

（一）现金的概念及范围

现金是货币资金的重要组成部分，作为通用的支付手段，也是对其他资产进行计量的一般尺度和会计处理的基础。它具有不受任何契约的限制、可以随时使用的特点。可以随时用其购买所需的物资，支付有关的费用，偿还债务，也可以随时存入银行。由于现金是流动性最强的一种货币资金，企业必须对现金进行严格的管理和控制，使现金能在经营过程中合理通畅地流转，提高现金使用效益，保护现金安全。

现金有狭义的概念和广义的概念之分。狭义的现金仅指库存现金，包括人民币现金和外币现金。我国会计实务中定义的现金即为狭义的现金，而很多西方国家较多地采用了广义的现金概念。广义的现金除库存现金外，还包括银行存款，也包括其他符合现金定义、可以普遍接受的流通中的票证，如个人支票、旅行支票、银行汇票、银行本票、邮政汇票等。但下列各项不应列为现金：①企业为取得更高收益而持有的金融市场的各种基金、存款证以及其他类似的短期有价证券，这些项目应列为短期投资。②企业出纳手中持有的邮票、远期支票、被退回或止付的支票、职工借条等。其中，邮票应作为库存办公用品或待摊费用；欠款客户出具的远期支票应作为应收票据；因出票人存款不足而被银行退回或出票人通知银行停止付款的支票，应转为应收账款；职工借条应作为其他应收款。③其他不受企业控制、非日常经营使用的现金。例如，公司债券偿债基金、受托人的存款、专款专储等供特殊用途使用的现金。

第七章 财务会计货币资金和固定资产管理

(二)现金的内部控制

由于现金是交换和流通手段,还可以当作财富来储蓄,其流动性又最强,因而最容易被挪用或侵占。因此,任何企业都应特别重视现金的管理。现金流动是否合理和恰当,对企业的资金周转和经营成败至关重要。为确保现金的安全与完整,企业必须建立健全现金内部控制制度。而且,由于现金是一项非生产性资产,除存款利息外不能为企业创造任何价值,因此企业的现金在保证日常开支需要的前提下不应持有过多,健全现金内部控制制度有助于企业保持合理的现金存量。

当然,现金内部控制的目的并不是发现差错,而是要减少发生差错、舞弊、欺诈的机会。一个有效的内部控制制度,不允许由单独一个人自始至终地操纵和处理一笔业务的全过程。必须在各自独立的部门之间有明确合理的分工,不允许一个人兼管现金的收入和支付,不允许经管现金的人员兼管现金的账册。内部控制制度在一定程度上起到保护现金资产安全的作用。此外,也可以利用电子计算机监管各项记录的正确性和提高现金收付的工作效率。

健全的现金内部控制制度包括:现金收入控制、现金支出控制和库存现金控制三个部分。

1.现金收入的内部控制。现金收入主要与销售产品或提供劳务的活动有关,所以应健全销售和应收账款的内部控制制度,作为现金收入内部控制制度的基础。

现金收入控制的目的是要保证全部现金收入都无一遗漏地入账。其基本内容有:①签发现金收款凭证(即收据)与收款应由不同的经办人员负责办理。一般由销售部经办销售业务的人员填制销货发票和收款收据,会计部门出纳员据以收款,其他会计人员据以入账。处理现金收入业务的全过程由不同人员办理,可以确保销货发票金额、收据金额和入账金额完全一致,能达到防止由单独一个人经办可能发生弊端的目的,起到相互牵制的作用。②一切现金收入必须当天入账,尽可能在当天存入银行,不能在当天存入银行的,应该于次日上午送存银行,防止将现金收入直接用于现金支出的"坐支"行为。③一切现金收入都应无一例外地开具收款收据。对收入款有付款单位开出的凭证的,会计部门在收到时,仍应开收据给交款人,以分清彼此责任。④建立"收据销号"制度,监督收入款项的入账。即根据开出收据的存根与已入账的收据联,按编号、金额逐张核对,核对无误后予以注销。作废的收据应全联粘贴在存根上。"收据销号"的目的是确保已开出的收据无一遗漏地收到了款项,且现金收入全部入账。⑤控制收款收据和销货发票的数量和编号。领用收据应由领用人签收领用数量和起讫编号。收据存根由收据保管人收回,回收时要签收,并负责保管。要定期查对尚未使用的空白收据,防止短缺遗失。已使用过的收据和发票应清点、登记、封存和保管,并按规定手续审批后销毁。⑥对于邮政汇款,在收到时应由两人一起拆封,并专门登记有关来源、金额和收据情况;⑦企业从开户银行提取现金,应当写明用途,加盖预留银行印鉴,经开户银行审核后,予以支付现金。

2. 现金支出的内部控制。现金支出控制的目的是要保证不支付任何未经有关主管认可批准付款的款项。现金支出要遵守国家规定的结算制度和现金管理办法,其基本内容有:①支付现金要符合国家规定的现金使用范围。②与付款相关的授权、采购、出纳、记账工作应由不同的经办人员负责,不能职责不分,一人兼管。③支票的签发至少要由两人签字或盖章,以相互牵制、互相监督。④任何款项的支付都必须以原始凭证作为依据,由经办人员签字证明,分管的主管人员审批,并经有关会计人员审核后,出纳人员方能据以办理付款。⑤付讫的凭证要盖销"银行付讫"或"现金付讫"章,并定期装订成册,由专人保管,以防付款凭证遭盗窃、篡改和重复报销等情况的发生。

按照上述内部控制的内容,处理现金支出业务应遵照规定的程序进行。

3. 库存现金的内部控制。库存现金控制的目的是要确定合理的库存现金限额,并保证库存现金的安全、完整。其基本内容有:①正确核定库存现金限额,超过限额的现金应及时送存银行。库存现金限额应由开户银行和企业共同根据企业的日常零星开支的数额及距离银行远近等因素确定。企业一般保留三到五天的零用现金,最多不得保留超过十五天的零用现金。库存现金限额一经确定,超过部分必须在当天或次日上午由企业解缴银行。未经银行许可,企业不得擅自坐支现金。确实情况特殊,需坐支现金的,应由企业向银行提交坐支申请,在银行批准的坐支额度内坐支,并按期向银行报告坐支情况。库存现金低于限额时企业可向银行提取现金,补充限额。②出纳人员必须及时登记现金记账,做到日清月结,不得以不符合财务制度和会计凭证手续的"白条"和单据抵充库存现金;不准谎报用途套取现金;不准用银行账户代其他单位和个人存入或支取现金;不准将单位收入的现金以个人名义存储,即"公款私存";不准保留账外公款,不得设置小金库等。每天营业终了后要核对库存现金和现金日记账的账面余额,发现账实不符,要及时查明原因并予以处理。③内部审计或稽核人员要定期对库存现金进行核查,也可根据需要进行临时抽查。

在实务中,不同企业由于其业务性质、经营规模、人员数量、现金的来源渠道和支出用途等因素不同,其现金控制制度也不尽相同。然而,不同条件下设立内部控制制度应遵循的基本原则是相同的。其基本原则主要体现在两个方面:第一,处理现金业务应合理分工,即现金收支业务包括授权、付款、收款和记录等各个环节,应由不同的人员来完成,以便形成严密的内部牵制制度;第二,加强银行对现金收支的控制和监督,即企业应尽可能保持最少量的库存现金,绝大部分现金应存入银行,主要的现金支出都使用支票通过银行办理。这样,不仅可以减少保存大量库存现金的成本和风险,而且银行提供的对账单也为检查现金收支记录的正确性提供了依据。

(三)现金业务的会计处理

为加强对现金的核算,企业应设置"现金"账。"现金"账户借方反映由于现销、提现等而增加的现金,贷方反映由于现购、现金送存银行、发放工资、支付其他费用等而减少的现金。该账户期末借方余额反映企业实际持有的库存现金。

另外，为随时掌握现金收付的动态和库存余额，保证现金的安全，企业必须设置"现金日记账"，按照业务发生的先后顺序逐笔登记。每日终了，应将登记的"现金日记账"结余数与实际库存数进行核对，做到账实相符。月份终了，"现金日记账"的余额必须与"现金"总账的余额核对相符。有外币现金收支业务的单位，应当按照人民币现金、外币现金的币种设置现金账户进行明细核算。

1．一般现金业务的账务处理。

【例7-1】签发现金支票，由银行提现2000元。

借：现金　2000

  贷：银行存款　2000

【例7-2】采购员李林预借3000元差旅费。

借：其他应收款——李林　3000

  贷：现金　3000

【例7-3】购进原材料，购销双方均为一般纳税人，增值税专用发票上的金额为800元，适用税率为17%，材料已入库。价款以现金支付。

借：原材料　800

  应交税费——应交增值税（进项税额）　136

  贷：现金　936

2．现金溢缺的账务处理。企业平时应经常由内部审计部门或稽核人员检查现金的收付存情况。另外，每日终了进行结算现金收支或财产清查时，发现有待查明原因的现金短缺或溢余，应及时进行账务处理。

发生的现金溢余或短缺通过"待处理财产损溢"科目核算。查明原因后，如为现金短缺，属于应由责任人赔偿的部分，由"待处理财产损溢"账户转入"其他应收款——××个人"；属于应由保险公司赔偿的部分，由"待处理财产损溢"账户转入"其他应收款——应收保险赔款"；属于无法查明的其他原因，根据管理权限，经批准后记入"管理费用"，确认为当期损益。如为现金溢余，属于应支付给有关人员或单位的，由"待处理财产损溢"账户转入"其他应付款——××个人或单位"；属于无法查明原因的现金溢余,经批准后,记入"营业外收入——现金溢余"。

【例7-4】月末盘点,库存现金18324.15元,现金日记账余额为18414.15元,发生现金短缺90元。经查明,由于出纳员周海工作中的失误造成现金短缺70元,其他20元无法查明原因,账务处理为如下。

发生现金短缺时：

借：待处理财产损溢——待处理流动资产损溢　90

　　贷：现金　90

报批后：

借：其他应收款——应收现金短缺款(周海)　70

　　管理费用　20

　　贷：待处理财产损溢——待处理流动资产损溢　90

二、银行存款

银行存款是企业存放在银行或其他金融机构的货币资金。依国家有关规定,凡是独立核算的单位都必须在当地银行开设账户。企业在银行开设账户以后,超过限额的现金必须存入银行；除了按规定限额保留库存现金以及在规定的范围内可以用现金直接支付的款项外,在经营过程中所发生的一切货币收支业务,都必须通过银行存款账户进行结算。

(一)银行存款账户的管理

1.银行存款账户的类型。正确开立和使用银行账户是做好资金结算工作的基础,企业只有在银行开立了存款账户,才能通过银行同其他单位进行结算,办理资金的收付。

《银行账户管理办法》将企事业单位的存款账户划分为四类,即基本存款账户、一般存款账户、临时存款账户和专用存款账户。

一般企事业单位只能选择一家银行的一个营业机构开立一个基本存款账户,主要用于办理日常的转账结算和现金收付,企事业单位的工资、奖金等现金的支取只能通过该账户办理;企事业单位可在其他银行的一个营业机构开立一个一般存款户,该账户可办理转账结算和存入现金,但不能支取现金;临时存款账户是存款人因临时经营活动需要开立的账户,如临时采购资金等;专用存款账户是企事业单位因特定用途需要开立的账户,如基本建设项目专项资金。

2.银行存款账户的管理。为了加强对基本存款账户的管理,企事业单位开立基本存款账户实行开户许可证制度,必须凭中国人民银行当地分支机构核发的开户许可证办理。对银行存款账户的管理规定如下:①企事业单位不得为还贷、还债和套取现金而多头开立基本存款账户。②不得出租、出借银行账户。③不得违反规定在异地存款和贷款而开立账户。④任何单位和个人不得将单位的资金以个人名义开立账户存储。

(二)银行结算方式的种类

在我国,企业日常与其他企业或个人的大量的经济业务往来,都是通过银行结算的,银行是社会经济活动中各项资金流转结算的中心。为了保证银行结算业务的正常开展,使社会经济活动中各项资金得以通畅流转,根据《中华人民共和国票据法》和《票据管理实施办法》,中国人民银行总行对银行结算办法进行了全面的修改和完善,形成了《支付结算办法》。

《支付结算办法》规定,企业目前可以选择使用的票据结算工具主要包括银行汇票、商业汇票、银行本票和支票,可以选择使用的结算方式主要包括汇兑、托收承付和委托收款三种以及信用卡,另外还有一种国际贸易采用的结算方式,即信用证结算。

1.银行汇票。银行汇票是由出票银行签发的,由其在见票时按照实际结算金额无条件支付给收款人或持票人的票据。银行汇票具有使用灵活、票随人到、兑现性强等特点,适用于先收款后发货或钱货两清的商品交易。单位和个人各种款项结算,均可使用银行汇票。

银行汇票可以用于转账,填明"现金"字样的银行汇票也可以用于支取现金。银行汇票的付款期为1个月。超过付款期限提示不获付款的,持票人须在票据权利时效内向出票银行做出说明,并提供本人身份证件或单位证明,持银行汇票和解讫通知向出票银行请求付款。丧失的银行汇票,失票人可凭人民法院出具的其享有票据权利的证明向出票银行请示付款或退款。

企业支付购货款等款项时,应向出票银行填写"银行汇票申请书",填明收款人名称、支付人、申请人、申请日期等事项并签章,签章为其预留银行的印鉴。银行受理银行汇票申请书,收妥款项后签发银行汇票,并用压数机压印出票金额,然后将银行汇票和解讫通知一并交给汇款人。

申请人取得银行汇票后即可持银行汇票向填明的收款单位办理结算。银行汇票的收款人可以将银行汇票背书转让给他人。背书转让以不超过出票金额的实际结算金额为限,未填写实际结算金额或实际结算金额超过出票金额的银行汇票不得背书转让。

2.银行本票。银行本票是由银行签发的、承诺自己在见票时无条件支付确定的金额给收款人或者持票人的票据。银行本票由银行签发并保证兑付,而且见票即付,具有信誉高、支付功能强等特点。用银行本票购买材料物资,销货方可以见票付货,购货方可以凭票提货,债权债务双方可以凭票清偿。收款人将本票交存银行,银行即可为其入账。无论单位或个人,在同一票据交换区域都可以使用银行本票支付各种款项。

银行本票分为定额本票和不定额本票:定额本票面值分别为1000元、5000元、10000元、50000元。在票面划去转账字样的为现金本票。

银行本票的付款期限为自出票日起最长不超过2个月,在付款期内银行本票见票即付;超过提示付款期限不获付款的,在票据权利时效内向出票银行做出说明,并提供本人身份证或单位证明,可持银行本票向银行请求付款。

企业支付购货款等款项时,应向银行提交"银行本票申请书",填明收款人名称、申请人名称、支付金额、申请日期等事项并签章。申请人或收款人为单位的,银行不予签发现金银行本票。出票银行受理银行本票申请书后,收妥款项后签发银行本票。不定额银行本票用压数机压印出票金额,出票银行在银行本票上签章后交给申请人。

申请人取得银行本票后,即可向填明的收款单位办理结算。收款单位可以根据需要在票据交换区域内背书转让银行本票。

收款企业在收到银行本票时,应该在提示付款时在本票背面"持票人向银行提示付款签章"处加盖预留银行印鉴,同时填写进账单,连同银行本票一并交开户银行转账。

3. 商业汇票。商业汇票是出票人签发的、委托付款人在指定日期无条件支付确定的金额给收款人或者持票人的票据。在银行开立存款账户的法人以及其他组织之间须具有真实的交易关系或债权债务关系,才能使用商业汇票。商业汇票的付款期限由交易双方商定,但最长不得超过6个月。商业汇票的提示付款期限自汇票到期日起10日内。

存款人领购商业汇票,必须填写"票据和结算凭证领用单"并加盖预留银行印鉴;存款账户结清时,必须将全部剩余空白商业汇票交回银行注销。

商业汇票可以由付款人签发并承兑,也可以由收款人签发交由付款人承兑。定日付款或者出票后定期付款的商业汇票,持票人应当在汇票到期日前向付款人提示承兑;见票后定期付款的汇票,持票人应当自出票日起1个月内向付款人提示承兑。汇票未按规定期限提示承兑的,持票人即丧失对其前手的追索权。付款人应当自收到提示承兑的汇票之日起3日内承兑或者拒绝承兑。付款人拒绝承兑的,必须出具拒绝承兑的证明。商业汇票可以背书转让。符合条件的商业承兑汇票的持票人可持未到期的商业承兑汇票连同贴现凭证,向银行申请贴现。

4. 支票。支票是单位或个人签发的、委托办理支票存款业务的银行在见票时无条件支付确定的金额给收款人或者持票人的票据。

支票结算方式是同城结算中应用比较广泛的一种结算方式。单位和个人在同一票据交换区域的各种款项结算,均可以使用支票。支票由银行统一印制,支票上印有"现金"字样的为现金支票。支票上印有"转账"字样的为转账支票,转账支票只能用于转账。未印有"现金"或"转账"字样的为普通支票,普通支票可以用于支取现金,也可以用于转账。在普通支票左上角划两

第七章 财务会计货币资金和固定资产管理

条平行线的,为划线支票,划线支票只能用于转账,不得支取现金。

支票的提示付款期限为自出票日起10日内,中国人民银行另有规定的除外。超过提示付款期限的,持票人开户银行不予受理,付款人不予付款。转账支票可以根据需要在票据交换区域内背书转让。

存款人领购支票,必须填写"票据和结算凭证领用单"并加盖预留银行印鉴。存款账户结清时,必须将全部剩余空白支票交回银行注销。

企业财会部门在签发支票之前,出纳人员应该认真查明银行存款的账面结余数额,防止签发超过存款余额的空头支票。签发空头支票,银行除退票外,还按票面金额处以5%但不低于1000元的罚款。持票人有权要求出票人赔偿支票金额2%的赔偿金。签发支票时,应使用蓝黑墨水或碳素墨水,将支票上的各要素填写齐全,并在支票上加盖其预留的银行印鉴。出票人预留银行的印鉴是银行审核支票付款的依据。银行也可以与出票人约定使用支付密码,作为银行审核支付支票金额的条件。

5.信用卡。信用卡是指商业银行向个人和单位发行的,凭以向特约单位购物、消费和向银行存取现金,且具有消费信用的特制载体卡片。

信用卡按使用对象分为单位卡和个人卡;按信誉等级分为金卡和普通卡。

凡在中国境内金融机构开立基本存款账户的单位可申领单位卡。单位卡可申领若干张,持卡人资格由申领单位法定代表人或其委托的代理人书面指定和注销,持卡人不得出租或转借信用卡。单位卡账户的资金一律从其基本存款账户转账存入,在使用过程中,需要向其账户续存资金的,也一律从其基本存款账户转账存入,不得交存现金,不得将销货收入的款项存入其账户。单位卡一律不得用于10万元以上的商品交易、劳务供应款项的结算,不得支取现金。

信用卡在规定的限额和期限内允许善意透支,关于透支额,金卡最高不得超过10000元,普通卡最高不得超过5000元。透支期限最长为60天。透支利息,自签单日或银行记账日起15日内按日息万分之五计算;超过15日,则按日息万分之十计算；超过30日或透支金额超过规定限额的，按日息万分之十五计算。透支计算不分段，按最后期限或者最高透支额的最高利率档计息。超过规定限额或规定期限，并且经发卡银行催收无效的透支行为称为恶意透支，持卡人使用信用卡不得发生恶意透支。严禁将单位的款项存入个人卡账户中。

单位或个人申领信用卡，应按规定填写申请表，连同有关资料一并送交发卡银行。符合条件并按银行要求交存一定金额的备用金后，银行为申领人开立信用卡存款账户，并发给信用卡。

6. 汇兑。汇兑是汇款人委托银行将其款项支付给收款人的结算方式。单位和个人的各种款项的结算，均可使用汇兑结算方式。

汇兑分为信汇、电汇两种。信汇是指汇款人委托银行通过邮寄方式将款项划转给收款人。电汇是指汇款人委托银行通过电报将款项划给收款人。这两种汇兑方式由汇款人根据需要选择使用。汇兑结算方式适用于异地之间的各种款项结算。这种结算方式划拨款项简便、灵活。

企业采用这一结算方式，付款单位汇出款项时，应填写银行印发的汇款凭证，列明收款单位名称、汇款金额及汇款的用途等项目，送达开户银行，委托银行将款项汇往收汇银行。收汇银行将汇款收进单位存款户后，向收款单位发出收款通知。

7. 委托收款。委托收款是收款人委托银行向付款人收取款项的结算方式。无论单位还是个人都可凭已承兑商业汇票、债券、存单等付款人债务证明办理同城或异地款项收取。委托收款还适用于收取电费、电话费等付款人众多且分散的公用事业费等有关款项。委托收款结算款项划回的方式分为邮寄和电报两种。

企业委托开户银行收款时，应填写银行印制的委托收款凭证和有关的债务证明。在委托收款凭证中写明付款单位名称、收款单位名称、账号及开户银行、委托收款金额的大小写、款项内容、委托收款凭据名称及附寄单证张数等。企业的开户银行受理委托收款后，将委托收款凭证寄交付款单位开户银

第七章 财务会计货币资金和固定资产管理

行,由付款单位开户银行审核,并通知付款单位。

付款单位收到银行交给的委托收款凭证及债务证明,应签收并在3天之内审查债务证明是否真实,是否是本单位的债务,确认之后通知银行付款。

付款单位应在收到委托收款通知的次日起3日内,主动通知银行是否付款。如果不通知银行,银行视同企业同意付款并在第4日,从单位账户中付出此笔委托收款款项。

付款人在3日内审查有关债务证明后,认为债务证明或与此有关的事项符合拒绝付款的规定,应出具拒绝付款理由书和委托收款凭证第五联及持有的债务证明,向银行提出拒绝付款。

8.托收承付。托收承付是根据购销合同由收款人发货后委托银行向异地付款人收取款项,由付款人向银行承诺付款的结算方式。使用托收承付结算方式的收款单位和付款单位,必须是国有企业、供销合作社以及经营管理较好,并经开户银行审查同意的城乡集体所有制工业企业。办理托收承付结算的款项,必须是商品交易,以及因商品交易而产生的劳务供应的款项。代销、寄销、赊销商品的款项,不得办理托收承付结算。

托收承付款项划回方式分为邮寄和电报两种,由收款人根据需要选择使用;收款单位办理托收承付,必须具有商品发出的证件或其他证明。托收承付结算每笔的金额起点为10000元,新华书店系统每笔金额起点为1000元。

采用托收承付结算方式时,购销双方必须签有符合《经济合同法》的购销合同,并在合同上注明使用托收承付结算方式。销货企业按照购销合同发货后,填写托收承付凭证,盖章后连同发运证件(包括铁路、航运、公路等运输部门签发的运单、运单副本和邮局包裹回执)或其他符合托收承付结算的有关证明和交易单证送交开户银行办理托收手续。

销货企业开户银行接受委托后,将托收结算凭证回联退给企业,作为企业进行账务处理的依据,并将其他结算凭证寄往购货单位开户银行,由购货单位开户银行通知购货单位承付货款。

购货企业收到托收承付结算凭证和所附单据后,应立即审核是否符合订货合同的规定。按照《支付结算办法》的规定，承付货款分为验单付款与验货付款两种，这在双方签订合同时约定。验单付款是购货企业根据经济合同对银行转来的托收结算凭证、发票账单、托运单及代垫运杂费等单据进行审查无误后，即可付款。为了便于购货企业对凭证的审核和筹措资金，结算办法规定承付期为3天，从付款人开户银行发出承付通知的次日算起（承付期内遇法定休假日顺延）。购货企业在承付期内，未向银行表示拒绝付款，银行即视作承付，并在承付期满的次日（法定休假日顺延）上午银行开始营业时，将款项主动从付款人的账户内付出，按照销货企业指定的划款方式，划给销货企业。验货付款是购货企业待货物运达企业，对其进行检验与合同完全相符后才承认付款。为了满足购货企业组织验货的需要，结算办法规定承付期为10天，从运输部门向购货企业发出提货通知的次日算起。承付期内购货企业未表示拒绝付款的，银行视为同意承付，于10天期满的次日上午银行开始营业时，将款项划给收款人。为满足购货企业组织验货的需要，对收付双方在合同中明确规定，并在托收凭证上注明验货付款期限的，银行从其规定。

对于下列情况，付款人可以在承付期内向银行提出全部或部分拒绝付款：①没有签订购销合同或购销合同未注明托收承付结算方式的款项。②未经双方事先达成协议，收款人提前交货或因逾期交货付款人不再需要该项货物的款项。③未按合同规定的到货地址发货的款项。④代销、寄销、赊销商品的款项。⑤验单付款，发现所列货物的品种、规格、数量、价格与合同规定不符。或货物已到，经查验货物与合同规定或发货清单不符的款项。⑥验货付款，经查验货物与合同规定或与发货清单不符的款项。⑦货款已经支付或计算错误的款项。

不属于上述情况的，购货企业不得提出拒付。

购货企业提出拒绝付款时，必须填写"拒绝付款理由书"，注明拒绝付款理由，涉及合同的应引证合同上的有关条款。属于商品质量问题，需要提交质量问题的证明；属于外贸部门进口商品，应当提交国家商品检验或运输等部门出具的证明，向开户银行办理拒付手续。

第七章 财务会计货币资金和固定资产管理

银行同意部分或全部拒绝付款的,应在拒绝付款理由书上签注意见,并将拒绝付款理由书、拒付证明、拒付商品清单和有关单证邮寄收款人开户银行转交销货企业。

付款人开户银行对付款人逾期支付的款项,根据逾期付款金额和逾期天数,按每天万分之五计算逾期付款赔偿金。逾期付款天数从承付期满日算起。银行审查拒绝付款期间不算作付款人逾期付款,但对无理地拒绝付款而增加银行审查时间的,从承付期满日起计算逾期付款赔偿金。赔偿金实行定期扣付,每月计算一次,于次月3日内单独划给收款人。赔偿金的扣付列为企业销货收入扣款顺序的首位。付款人账户余额不足支付时,应排列在工资之前,并对该账户采取"只收不付"的控制办法,直至足额扣付赔偿金后才准予办理其他款项的支付,由此产生的经济后果由付款人自负。

9. 信用证。信用证结算方式是国际结算的一种主要方式。经中国人民银行批准经营结算业务的商业银行总行以及经商业银行总行批准开办信用证结算业务的分支机构,可以办理国内企业之间商品交易的信用证结算业务。

采用信用证结算方式的,收款单位收到信用证后,即备货装运,签发有关发票账单,连同运输单据和信用证,送交银行,根据退还的信用证等有关凭证编制收款凭证;付款单位在接到开证行的通知时,根据付款的有关单据编制付款凭证。

企业通过银行办理支付结算时应当认真执行国家各项管理办法和结算制度。中国人民银行颁布的《支付结算办法》规定:①单位和个人办理结算,不准签发没有资金保证的票据或远期支票,套取银行信用。②不得签发、取得或转让没有真实交易和债权债务的票据,套取银行和他人的资金。③不准无理拒绝付款,任意占用他人资金。④不准违反规定开立和使用账户。

(三)银行存款业务的会计处理

为正确核算银行存款,企业应按开户银行和其他金融机构、存款种类等,分别设置"银行存款日记账",由出纳人员根据收付款凭证,按照业务的发生顺序逐笔登记，每日终了应结出余额。该账户借方反映由于销售、收回款项、现金送存银行等而增加的银行存款，贷方反映由于购货、支付款项、提现等而减少的银行存款；期末借方余额，反映企业实际存在银行或其他金融机构的款项。月末"银行存款日记账"账面余额应与"银行存款"总账余额核对相符。

有外币存款的企业，应分别为人民币和各种外币设置"银行存款日记账"并进行明细核算。

"银行存款日记账"应定期与"银行对账单"核对。至少每月核对一次。月度终了，企业银行存款日记账账面余额与银行对账单余额之间如有差额，必须逐笔查明原因进行处理。并按月编制"银行存款余额调节表"调节相符。

企业应加强对银行存款的管理，并定期对银行存款进行检查。如果有确凿证据表明存在银行或其他金融机构的款项已经部分不能收回，或者全部不能收回，如吸收存款的单位已宣告破产，其破产财产不足以清偿的部分，或者全部不能清偿的，应当作为当期损失，记入"营业外支出"科目。

【例7-5】售出商品，双方均为增值税一般纳税人，适用税率17%。增值税专用发票上的金额为100000元，税额为17000元。收到117000元支票，已存入银行。

借：银行存款　117000
　　贷：主营业务收入　100000
　　　　应交税费——应交增值税（销项税额）　17000

【例7-6】签发80000元的转账支票，支付前欠购货款。

借：应付账款　80000
　　贷：银行存款　80000

【例7-7】将现金3000元送存银行。

借：银行存款　3000
　　贷：现金　3000

(四)银行存款余额的调节

企业每月应将银行存款日记账余额与银行对账单余额进行核对，以检查企业银行存款记录的正确性。

1.银行存款余额差异的原因。企业银行存款日记账余额与银行对账单余额往往不一致,造成差异的原因是多方面的,主要有:①银行或企业的某一方或双方漏记某一项或几项交易。②银行或企业的某一方或双方记账错误。③存在未达账项。

未达账项是指由于企业与银行取得凭证的时间不同,导致记账时间不一致发生的一方已取得结算凭证且登记入账,而另一方由于尚未取得结算凭证尚未入账的款项。未达账项一般有四种情况:①企业已收款入账而银行尚未入账的款项,即企业已收,银行未收。如企业销售产品收到支票,送存银行后即可根据银行盖章退回的"进账单"回单联登记银行存款的增加,但由于银行尚未办妥兑收手续而未入账。在这种情况下,若不考虑其他因素,则企业"银行日记账"余额要大于"银行对账单"余额。②企业已付款入账而银行尚未入账的款项,即企业已付,银行未付。如企业开出支票支付购料款,企业根据支票存根、发票等凭证登记银行存款的减少,而银行由于收款人尚未持票向银行兑取而未入账。在这种情况下,若不考虑其他因素,则企业"银行存款日记账"余额要小于"银行对账单"余额。③银行已收款入账而企业尚未入账的款项,即银行已收,企业未收。如银行已收妥企业托收的款项,企业银行存款增加,企业由于尚未收到银行的收款通知而未入账,或已收到银行的收账通知但未及时入账。在这种情况下,若不考虑其他因素,则企业"银行存款日记账"余额小于"银行对账单"余额。④银行已付款入账而企业尚未入账的款项,即银行已付,企业未付。如银行代企业直接支付的各种费用,银行已减少入账,但企业尚未接到凭证而未入账,或已收到凭证但尚未及时入账。在这种情况下,若不考虑其他因素,则企业"银行存款日记账"余额要大于"银行对账单"余额。

2.银行存款余额调节表的编制。企业银行存款日记账余额与银行对账单余额的差异,可通过编制银行存款余额调节表进行调节,并核对调节后余额是否一致,进一步检查企业银行存款记录的正确性,保证账实相符。

银行存款余额调节表有两种格式：一种格式是以企业银行存款日记账余额（或银行对账单余额）为起点，加减调整项目，调整到银行对账单余额（或企业银行存款日记账余额）；另一种格式是分别以企业银行存款日记账余额和银行对账单余额为起点。加减各自的调整项目，分别得出两个调节后的余额。在会计实务中较多地采用了后一种格式。

如果调节后的银行存款日记账余额与银行对账单余额相符，一般表明双方记账正确（但也不排除存在差错的可能性，如两个差错刚好互相抵消，对余额没有影响）。如果调节后的余额还是有差异，则在已调整了全部未达账项的情况下，表明记账有错误，应进一步查找原因并予以更正；否则，依然存在未调整的未达账项或记账错误。

3.银行存款余额调节后的账务处理。对造成银行存款日记账与银行对账单余额差异的各项因素，应根据具体情况进行不同的处理。

这种做法的主要理由是：企业在月末不及时记录未达账项，可能会影响资产负债表对企业财务状况的恰当表达，使资产负债表上所表述的相关项目与银行存款余额同时不实。因此，企业应及时记录未记账的未达账项，以便公允地反映企业的财务状况。

我国现行会计实务对未达账项的处理与上述国际惯例完全不同。我国现行会计制度规定，对于未达账项不能以银行存款余额调节表作为原始凭证，据以调整银行存款账面记录。只有等到有关结算凭证到达企业时，才能据以进行相应的账务处理，且在下一月度应关注上月银行的未达账项是否及时入账。这一做法虽简化了会计核算，防止重复记账，但不利于财务状况的公允表达。因此，参照国际惯例，我国会计实务对未达账项的处理可做如下适当调整：①月末不做账务处理，但对其中重大未达账项应在报表附注中加以披露。②月末先将企业未记录的未达账项登记入账，下月初再将其转回，等收到有关凭证后再做正常处理。

第三节 其他货币资金

在企业的经营资金中,有些货币资金的存放地点和用途与库存现金和银行存款不同,如外埠存款、银行汇票存款、银行本票存款等,需要设置"其他货币资金"账户集中反映这些资金,以示它与现金、银行存款的区别。在"其他货币资金"账户之下,可分设外埠存款、银行汇票存款、银行本票存款、信用卡存款、信用证保证金存款、存出投资款等明细账户。

一、外埠存款

外埠存款是指企业到外地进行临时或零星采购时,汇往采购地银行开立采购专户的款项。企业将款项委托当地银行汇往采购地开立专户时,记入"其他货币资金",收到采购员交来的供应单位发票账单等报销凭证时,贷记本科目。将多余的外埠存款转回当地银行时,根据银行的收账通知,借记"银行存款",贷记"其他货币资金"。

【例7-8】宏人公司委托开户银行汇80000元给采购地银行开立专户,本月中旬收到销货方的专用发票,该批材料价税合计70200元,适用增值税税率17%,材料已入库。几天后收到银行的多余款收账通知,余款已汇往公司当地开户银行,应做如下账务处理。

开立采购专户:

借:其他货币资金——外埠存款　80000

　　贷:银行存款　80000

收到发票时:

借:原材料　60000

　　应交税费——应交增值税(进项税额)　10200

　　贷:其他货币资金——外埠存款　70200

收到银行的收账通知：

借：银行存款　9800

　　贷：其他货币资金——外埠存款　9800

二、银行汇票存款

银行汇票存款是指企业为取得银行汇票按规定存入银行的款项。企业在填送"银行汇票申请书"并将款项交存银行，取得银行汇票后，根据银行盖章退回的申请书存根联，借记本科目；企业使用银行汇票后，根据发票账单等有关凭证，贷记本科目；如有多余款或因汇票超过付款期等原因而退回的款项，根据开户银行转来的银行汇票第四联（多余款收账通知）载明的金额，贷记本科目。

三、银行本票存款

银行本票存款是指企业为取得银行本票按规定存入银行的款项。企业向银行提交"银行本票申请书"并将款项交存银行，取得银行本票后，根据银行盖章退回的申请书存根联，借记本科目；企业使用银行本票后根据发票账单等有关凭证，贷记本科目；因本票超过付款期等原因而要求退款时，应当填制一式两联的进账单，连同本票一并送交银行，根据银行盖章退回的进账单第一联，贷记本科目。

四、信用卡存款

信用卡存款是指企业为取得信用卡按照规定存入银行的款项。企业应按照规定填制申请表，连同支票和有关资料一并送交发卡银行，根据银行盖章退回的进账单第一联，借记本科目；企业使用信用卡购物或支付有关费用，贷记本科目；企业信用卡在使用过程中需要向其账户续存资金的，其处理同申请时的处理一致。

五、信用证保证金存款

信用证保证金存款是指企业为取得信用证按规定存入银行的保证金。企业向银行申请开立信用证,应按规定向银行提交开证申请书、信用证申请人承诺书和购销合同。企业向银行交纳保证金,根据银行盖章退回的进账单第一联,借记本科目;根据开证行交来的信用证来单通知书及有关单据列明的金额贷记本科目。

【例7-9】企业要求银行对其境外供货单位开出信用证50000元,根据开户银行盖章退回的进账单第一联,进行如下账务处理。

借:其他货币资金——信用证保证金存款　50000
　　贷:银行存款　50000

企业收到开证行交来的信用证来单通知书及所附发票账单46800元,经核对无误后,需进行如下账务处理。

借:物资采购(或原材料)　40000
　　应交税费应交增值税(进项税额)　6800
　　贷:其他货币资金信用证保证金存款　46800

企业未用完的信用证保证金余额3200元转回开户银行,其账务处理如下。

借:银行存款　3200
　　贷:其他货币资金——信用证保证金存款　3200

六、存出投资款

存出投资款是指企业已存入证券公司但尚未进行短期投资的现金。企业向证券公司划出资金时,按实际划出的金额借记本科目;购买股票、债券时,按实际发生的金额,贷记本科目。

第四节 固定资产

一、固定资产的概念及特征

固定资产是指使用期限较长、单位价值较高，并且在使用过程中保持原有实物形态的资产。固定资产具有以下一些基本特征：①预计使用年限超过一年或长于一年的一个经营周期，且在使用过程中保持原来的物质形态不变。②用于生产经营活动而不是为了出售。③价值补偿与实物更新相分离。在固定资产的使用过程中，其价值通过折旧逐渐转移出去，但其物质实体却通常并不同时减损，只有在其不能或不宜继续使用时，才对其进行更新处置。

《国际会计准则第16号——不动产、厂房和设备》对固定资产做出定义：固定资产指符合下列各项规定的有形资产：①企业所有的用于生产或供应产品和劳务的有形资产，包括为了出租给他人，或为了管理上使用的，还包括为了维修这些资产而持有的其他项目。②为可连续使用而购置或建造的。③不打算在正常营业过程中出售的。对符合上述标准的资产的租用权，在某些情况下也可以作为固定资产处理。

企业中固定资产的判定标准通常有两项：①使用期限在一年以上；②单位价值在一定标准以上。我国企业会计制度规定，固定资产是指使用期限超过一年的房屋、建筑物、机器、机械、运输工具以及其他与生产、经营有关的设备、器具、工具等。不属于生产、经营主要设备的物品，单位价值在2000元以上，并且使用期限超过2年的，也应当作为固定资产。企业应当根据其会计制度及有关规定，结合本单位的具体情况，如经营规模、业务范围的不同，制定适合于本企业的固定资产目录、分类方法、每类或每项固定资产的折旧年限、折旧方法，作为进行固定资产核算的依据。企业制定的固定资产目录、分类方法、每类或每项固定资产的预计使用年限、预计净残值、折旧方法等，应当编制成册，并按照管理权限，经股东大会或董事会，或经理（厂长）会议或类似机构批准,按照法律、行政法规的规定报送有关各方备案,同时备置于企业所在地,以供投资者等有关各方查阅。

我国《企业会计准则——固定资产》规定:固定资产在同时满足以下两个条件时,才能加以确认:①该固定资产包含的经济利益很可能流入企业。②该固定资产的成本能够可靠地计量。企业在对固定资产进行确认时,应当按照固定资产的定义和确认条件,考虑企业的具体情形加以判断。企业的环保设备和安全设备等资产,虽然不能直接为企业带来经济利益,却有助于企业从相关资产中获得经济利益,也应当确认为固定资产,但这类资产与相关资产的账面价值之和不能超过这两类资产可收回金额总额。固定资产的各组成部分,如果各自具有不同的使用寿命或者以不同的方式为企业提供经济利益,从而适用不同的折旧率或折旧方法的,应当单独确认为固定资产。

二、固定资产的分类

(一)按经济用途分类

生产经营用固定资产,指直接参与企业生产过程或直接为生产服务的固定资产,如机器、厂房、设备、工具、器具等。

非生产经营用固定资产,指不直接在生产中使用的固定资产,如食堂、宿舍、文教卫生等职工福利方面的建筑物、设备等。

按经济用途分类有利于反映和监督企业各类固定资产之间的组成和变化情况,便于考核固定资产的利用现状,更合理地进行固定资产的配备,充分发挥其效用。

(二)按所有权分类

自有固定资产:企业对该类固定资产享有占有权、处置权,可供长期使用,是企业全部资产的重要构成部分。

租入固定资产:企业通过支付租金取得使用权的固定资产,其租入方式又分为经营性租入和融资性租入两类。经营性租入的固定资产一般在备查簿中登记,而融资租入的固定资产应作为资产入账,在日常使用中为与自有资产相区别,需单独设立明细账进行核算。

(三)按使用情况分类

按使用情况分类可分为:①使用中的固定资产,指处于使用过程中的经营性和非经营性固定资产,包括在使用或因季节性生产和修理等原因暂时停止使用的固定资产,以及供替换使用的机器设备等。②未使用固定资产,指尚未使用的新增固定资产,调入尚待安装的固定资产,进行改建、扩建的固定资产以及批准停止使用的固定资产。③不需用固定资产,指不适用于本企业,准备处理的固定资产。④租出固定资产,指企业以收取租金的方式租给外单位使用的固定资产。租出固定资产也属于使用中的固定资产。

(四)按固定资产的经济用途和使用情况综合分类

按固定资产的经济用途和使用情况综合分类可分为:①生产经营用固定资产。②非生产经营用固定资产。③出租固定资产,指在经营性租赁方式下租给外单位使用的固定资产。④不需用固定资产。⑤未使用固定资产。⑥土地,是指过去已经估价单独入账的土地。因征地而支付的补偿费,应计入与土地有关的房屋、建筑物的价值内,不单独作为土地价值入账。企业取得的土地使用权不能作为固定资产管理。⑦融资租入固定资产,指企业以融资租赁方式租入的固定资产,在租赁期内,应视同自有固定资产进行管理。

不同企业应根据实际需要选择适合本单位的分类标准,对固定资产进行分类,制定固定资产目录。

三、固定资产的计价

(一)固定资产的计价方法

1.按原始价值计价。又称按历史成本计价,是指按购建某项固定资产达到可使用状态前所发生的一切合理必要的支出作为入账价值。由于这种计价方法有相应的凭证为依据,具有客观性和可验证性的特点,因此成为固定资产的基本计价标准。当然,这种方法具有不可避免的缺点,当会计环境尤其是通货膨胀率和资本成本率较大时,这种方法无法真实反映资产的价值。正因为如此,有人主张以现时重置成本来代替历史成本作为固定资产的计价依据。但是,由于现时重置成本也是经常变化的,具体操作也相当复杂,因此,我国会计制度仍然采用历史成本来对固定资产进行计价。

2.按重置价值计价。又称按重置完全价值计价、按现时重置成本计价,即按现有的生产能力、技术标准,重新购置同样的固定资产所需要付出的代价作为资产的入账价值。

3.按折余价值计价。是指按固定资产原始价值或重置完全价值减去已计提折旧后的净额作为入账价值。它可以反映企业占用在固定资产上的资金数量和固定资产的新旧程度。

(二)固定资产价值的构成

固定资产在取得时,应按取得时的成本入账。取得时的成本包括买价、进口关税、运输和保险等相关费用,以及为使固定资产达到预定可使用状态前所必要的支出。《国际会计准则第16号——不动产、厂房和设备》规定:固定资产项目的成本包括其买价、进口关税和不能返还的购货税款以及为使这项资产达到预定使用状态所需要支付的直接可归属成本。计算买价时,应扣除一切商业折扣和回扣。直接可归属成本的项目有以下各项:①场地整理费。②初始运输和装卸费。③安装费用。④专业人员(如建筑师、工程师)服务费。⑤估计资产拆卸搬移费及场地清理费,这些费用的确认应以《国际会计准则第37号——准备、或有负债和或有资产》为准。

第八章 财务会计无形资产管理

第一节 无形资产概述

一、无形资产的定义及其特点

无形资产是指没有实物形态的可辨认非货币性资产。无形资产包括专利权、非专利技术、商标权、著作权、土地使用权等,它们或者表明企业所拥有的一种特殊权利,或者直接体现为帮助企业取得高于一般水平的收益。

目前,国际上对无形资产的界定不完全一致。《国际会计准则第38号——无形资产》规定,无形资产指为用于商品或劳务的生产或供应、出租给其他单位,或为管理目的而持有的没有实物形态的可辨认资产。英国《财务报告准则第10号——商誉和无形资产》认为,无形资产指不具实物形态、可辨认、企业可控制的非金融性长期资产。美国正在对无形资产会计处理准则进行修订,所公布的征求意见稿认为,无形资产是指无实物形态的非流动资产(不包括金融资产),包括商誉。

(一)无实体性

无形资产一般是由法律或契约关系所赋予的权利,它没有实物形态,看不见摸不着,但其作用可以感觉得到。在某些高科技领域,无形资产往往显得更为重要。没有实物形态的资产不一定都是无形资产,如应收账款,所以不能单靠有无物质实体作为判断是否是无形资产的唯一标志,但无形资产一定是没有实物形态的。

需要指出的是，某些无形资产的存在有赖于实物载体。比如，计算机软件需要存储在磁盘中。但这并没有改变无形资产本身不具有实物形态的特性。

(二)未来效益的不确定性

无形资产能为企业带来长期效益，但它所能提供的未来经济效益具有很大的不确定性。如企业拥有一项专利权，它使企业在某项技术上拥有独占使用权，从而获得超过同类其他企业的经济利益。但是一旦有一项新的技术出现，它可以远远领先于企业的专利技术，那么企业来自该项专利的经济利益可能减少，甚至消失。无形资产的价值仅局限于特定的企业，对一个企业有用的无形资产不一定对其他企业有用。并且也很难将无形资产的价值与特定的收入相联系，其不确定性远远超过其他资产。

(三)非独立性

大多数的无形资产不能与企业或企业的有形资产相分离，只有与其他有形资产相结合，在企业生产经营中才能发挥作用。一个企业不可能只有无形资产，企业在未来取得的收益也很难区分是无形资产创造的还是有形资产创造的，通常是两者共同作用的结果。

(四)非流动性

无形资产能为企业连续提供一年以上的服务或利益，其成本不能在短期内得到充分补偿。企业持有无形资产的目的不是为了出售而是为了生产经营，即利用无形资产来提供商品、提供劳务出租给他人，或为企业经营管理服务。软件公司开发的用于对外销售的计算机软件，对于购买方而言属于无形资产，而对于开发商而言却是存货。

二、无形资产的分类

第一，按不同的来源，无形资产可分为外购的无形资产和自创的无形资产。

外购的无形资产是指从其他单位或个人购进的,或连同企业一并购进的,如外购的专利权等。

自创的无形资产是指企业自行研制开发并申请成功的无形资产,如自制的商标权等。

第二,按有无固定使用年限,无形资产可分为有固定使用年限的无形资产和无固定使用年限的无形资产。

有固定使用年限的是指法律或合约规定有使用年限的无形资产,如特许权。无固定使用年限的是指法律和合约无法规定使用年限的无形资产。

三、无形资产的确认

《企业会计准则——无形资产》规定:无形资产在满足以下两个条件时,企业才能加以确:①该资产产生的经济利益很可能流入企业。②该资产的成本能够可靠地计量。

某个项目要想确认为无形资产,首先必须符合无形资产的定义,其次还要符合以上两项条件。

(一)符合无形资产的定义

符合无形资产定义的重要表现之一,就是企业能够控制该无形资产产生的经济利益。这虽是企业一般资产所具有的特征,但对于无形资产来说,显得尤其重要。如果没有通过法定方式或合约方式认定企业所拥有的控制权,则说明相关的项目不符合无形资产的定义。比如,一支熟练的员工队伍、特定的管理或技术、一定的客户或市场份额,除非它们的利用及其未来能给企业带来的经济利益受到法定权利的保护,否则不应认为企业对其有足够的控制,因此也不能将它们认定为该企业的无形资产。

(二)产生的经济利益很可能流入企业

作为企业的无形资产,必须具备产生的经济利益很可能流入企业这项基本条件。实务中,要确定无形资产创造的经济利益是否很可能流入企业,需

第八章 财务会计无形资产管理

要进行职业判断。在判断无形资产产生的经济利益是否可能流入企业时,企业管理部门应对无形资产在预计使用年限内存在的各种因素做出稳健的估计。

(三)成本能够可靠地计量

成本能够可靠地计量是资产确认的一项基本条件。对于无形资产来说,这个条件显得十分重要。比如,一些高科技企业的科技人才,假定其与企业签订了服务合同,且合同规定其在一定期限内不能为其他企业提供服务。在这种情况下,虽然这些科技人才的知识在规定的期限内预期能够为企业创造经济利益,但由于这些技术人才的知识难以辨认,加之为形成这些知识所发生的支出难以计量,从而不能作为企业的无形资产加以确认。

国际会计准则和其他国家或地区会计准则对无形资产确认都予以特别关注。《国际会计准则第38号》指出,企业将某项目确认为无形资产时,应能够证明该项目符合无形资产的定义,并同时符合以下条件:①归属于该资产的未来经济利益很可能流入企业。②该资产的成本能够可靠地计量。

《国际会计准则第38号》特别强调,企业应使用合理并有证据的假定评价未来经济利益流入的可能性,这些假定应代表企业的管理层对资产使用寿命内存在的一系列经济状况的最好估计。

在英国的会计实务中,对商誉和无形资产的确认所遵循的是英国会计准则委员会于1999年12月发布的原则公告。该公告指出,如果一项交易或其他事项产生了一项新资产或一项新负债,或导致一项现存资产或负债的增加,那么这种影响应在同时符合以下条件时予以确认:①存在表明新资产或负债已经产生的证据,或存在表明已增加现存资产或负债的证据。②新资产、负债或在现存资产、负债基础上增加的部分,能够以货币金额可靠地计量。

美国会计准则中没有关于专门确认无形资产的规定,相关的关于财务报表要素的确认原则如下:①符合定义,即要符合财务报表某一要素的定义。②可计量性,即具有一个相关的可计量属性,足以可靠地计量。③相关性,即

有关信息在用户的决策中有重要作用。④可靠性,即信息是真实的、可核实的、无偏向的。

从形式上看,国际会计准则、英国会计准则及美国会计准则对无形资产确认条件存在一些不同,但从本质上看,它们并无实质上的区别。我国的会计准则与国际会计准则基本一致。

第二节 无形资产的核算

一、无形资产的增加

(一)无形资产的计价

企业的无形资产在取得时,应按取得时的实际成本计量。取得时的实际成本应按以下规定确定。

第一,购入的无形资产,按实际支付的价款作为实际成本。

国际会计准则、英国会计准则、美国会计准则对于购入的无形资产,都规定确认时按成本计量。但是,如果采用赊购的方法且延期支付的期限较长时,则规定对购入的无形资产通过折现的方法进行初始计量。

第二,投资者投入的无形资产,按投资各方确认的价值作为实际成本。但是,为首次发行股票而接受投资者投入的无形资产,应按该项无形资产在投资方的账面价值作为实际成本。

第三,企业接受的债务人以非现金资产清偿债务的方式取得的无形资产,或以应收债权换入无形资产的,按应收债权的账面价值加上应支付的相关税费,作为实际成本。涉及补价的,按以下规定确定受让的无形资产的实际成本:①收到补价的,按应收债权的账面价值减去补价,加上应支付的相关税费,作为实际成本。②支付补价的,按应收债权的账面价值加上支付的补价和应支付的相关税费,作为实际成本。

第八章 财务会计无形资产管理

第四，以非货币性交易换入的无形资产，按换出资产的账面价值加上应支付的相关税费，作为实际成本。涉及补价的，按以下规定确定换入无形资产的实际成本。

收到补价的，按换出资产的账面价值加上应确认的收益和应支付的相关税费减去补价后的余额，作为实际成本。

支付补价的，按换出资产的账面价值加上应支付的相关税费和补价，作为实际成本。

国际会计准则和美国会计准则对于非货币性交易换入的无形资产，在进行初始计量时，都会区分交易的性质，根据其是属于同类非货币性交易还是属于非同类非货币性交易，从而采取不同的处理方法。我国不做这样的区分。英国会计准则对此没有专门的规定。

第五，接受捐赠的无形资产，应按以下规定确定其实际成本：①捐赠方提供了有关凭据的，按凭据上标明的金额加上应支付的相关税费，作为实际成本。②捐赠方没有提供有关凭据的，按如下顺序确定其实际成本：同类或类似无形资产存在活跃市场的，按同类或类似无形资产的市场价格估计的金额，加上应支付的相关税费，作为实际成本；同类或类似无形资产不存在活跃市场的，按该接受捐赠的无形资产的预计未来现金流量现值，作为实际成本。

第六，自行开发并按法律程序申请取得的无形资产，按依法取得时发生的注册费、聘请律师费等费用，作为无形资产的实际成本。在研究与开发过程中发生的材料费用、直接参与开发人员的工资及福利费、开发过程中发生的租金、借款费用等，直接计入当期损益。

第七，企业购入的土地使用权，或以支付土地出让金方式取得的土地使用权，按照实际支付的价款作为实际成本，并作为无形资产核算；待该项土地开发时再将其账面价值转入相关在建工程（房地产开发企业将需开发的土地使用权账面价值转入存货项目）。

(二) 会计处理

为核算企业的无形资产，设置"无形资产"科目。本科目应按无形资产类别设置明细账,进行明细核算。本科目的期末借方余额,反映企业已入账但尚未摊销的无形资产的摊余价值。企业自创的商誉,以及未满足无形资产确认条件的其他项目,不能作为企业的无形资产,不在本科目内反映,具体的账务处理如下。

第一,购入的无形资产,按实际支付的价款,借记"无形资产",贷记"银行存款"等。

第二,投资者投入的无形资产,按投资各方确认的价值,借记"无形资产",贷记"实收资本"或"股本"等。为首次发行股票而接受投资者投入的无形资产,应按该项无形资产在投资方的账面价值,借记"无形资产",贷记"实收资本"或"股本"等。

第三,企业接受的债务人以非现金资产清偿债务方式取得的无形资产,或以应收债权换入无形资产的,按应收债权的账面价值加上应支付的相关税费,借记"无形资产"。按该项债权已计提的坏账准备,借记"坏账准备",按应收债权的账面余额,贷记"应收账款"等,按应支付的相关税费,贷记"银行存款""应交税费"等。涉及补价的,分情况处理:①收到补价的,按应收债权的账面价值减去补价,加上应支付的相关税费,借记"无形资产",按收到的补价,借记"银行存款"等,按该项债权已计提的坏账准备,借记"坏账准备",按应收债权的账面余额,贷记"应收账款"等,按应支付的相关税费,贷记"银行存款""应交税费"等。②支付补价的,按应收债权的账面价值加上支付的补价和应支付的相关税费,借记"无形资产",按该项债权已计提的坏账准备,借记"坏账准备",按应收债权的账面余额,贷记"应收账款"等,按支付的补价和相关税费,贷记"银行存款""应交税费"等。

第四,接受捐赠的无形资产,按确定的实际成本,借记"无形资产",按未来应交的所得税,贷记"递延税款",按确定的价值减去未来应交所得税后的差额,贷记"资本公积",按应支付的相关税费,贷记"银行存款""应交税费"等。

第五,自行开发并按法律程序申请取得的无形资产,按依法取得时发生的注册费、聘请律师费等费用,借记"无形资产",贷记"银行存款"等。

企业在研究与开发过程中发生的材料费用、直接参与开发人员的工资及福利费、开发过程中发生的租金、借款费用等,直接计入当期损益,借记"管理费用",贷记"银行存款"等。

第六,企业通过非货币性交易取得的无形资产,比照以非货币性交易取得的固定资产的相关规定进行处理。

二、无形资产的后续支出

无形资产的后续支出,是指无形资产入账后,为确保该无形资产能够给企业带来预定的经济利益而发生的支出,比如相关的宣传活动支出。由于这些支出仅是为了确保已确认的无形资产能够为企业带来预定的经济利益,因而应在发生当期确认为费用。

《国际会计准则第38号》指出,无形资产后续支出应在发生时确认为费用,除非满足以下条件:①该支出很可能使资产产生超过原来预定绩效水平的未来经济利益。②该支出能够可靠地计量和分摊至该资产。同时指出,商标、刊头、报刊名、客户名单和实质上类似的项目(不论是外部购入的还是内部产生的)所发生的后续支出,只能确认为费用,以避免确认为自创商誉。

《英国财务报告准则第10号》没有特别提及无形资产的后续支出。美国会计准则也没有特别就无形资产后续支出如何处理提供指南,在实务处理中,允许资本化的后续支出通常仅限于那些能够延长无形资产使用寿命的支出。

三、无形资产的摊销

无形资产应当自取得当月起在预计使用年限内分期平均摊销,计入损益。如预计使用年限超过了相关合同规定的受益年限或法律规定的有效年限,该无形资产的摊销年限按如下原则确定:①合同规定受益年限但法律没有规定有效年限的,摊销年限不应超过合同规定的受益年限。②合同没有规定受益年限但法律规定有效年限的,摊销年限不应超过法律规定的有效年限。③合同规定了受益年限,法律也规定了有效年限的,摊销年限不应超过受益年限和有效年限二者之中较短者。④如果合同没有规定受益年限,法律也没有规定有效年限的,摊销年限不应超过10年。

摊销无形资产价值时,借记"管理费用——无形资产摊销",贷记"无形资产"。

四、无形资产的减值

企业应当定期或者至少于每年年度终了,检查各项无形资产未来预计给企业带来经济利益的能力,对预计可收回金额低于其账面价值的,应当计提减值准备。当存在下列一项或若干项情况时,应当计提无形资产减值准备:①某项无形资产已被其他新技术等所替代,使其为企业创造经济利益的能力受到重大不利影响。②某项无形资产的市价在当期大幅下跌,在剩余摊销年限内预期不会恢复。③某项无形资产已超过法律保护期限,但仍然具有部分使用价值。④其他足以证明某项无形资产实质上已经发生了减值的情形。

当存在下列一项或若干项情况时,应当将该项无形资产的账面价值全部转入当期损益,借记"管理费用",贷记"无形资产":①某项无形资产已被其他新技术等所替代,并且该项无形资产已无使用价值和转让价值。②某项无形资产已超过法律保护期限,并且已不能为企业带来经济利益。③其他足以证明某项无形资产已经丧失了使用价值和转让价值的情形。

第三节 可辨认无形资产

一、专利权

专利权,是指国家专利主管机关依法授予发明创造专利申请人对其发明创造在法定期限内所享有的专有权利,包括发明专利权、实用新型专利权和外观设计专利权。

专利权是人们智力劳动的结果,也是最常见的知识产权的一种。为了保护发明创造,鼓励发明创造,有利于发明创造成果的推广使用,促进科学技术的发展,加速科技成果的商品化,适应社会主义市场经济的需要,我国在1984年颁发了《中华人民共和国专利法》,并于1992年9月对此法做了修改。该法明确规定,专利权拥有人的专利受到国家法律的保护。申请专利,应按照法律程序进行,无论申请的是发明、实用新型还是外观设计,都应当具备新颖性、创造性和实用性三个条件。

专利权是否有价值应看其是否具有降低成本,或者提高产品质量,或者可以转让出去获得转让费收入,从而能给持有者带来经济利益等特点。专利权在会计上的核算包括以下几个方面。

(一)专利权取得成本的确定与核算

无形资产的计价也应遵循历史成本原则,即按取得无形资产时所发生的实际成本计价,包括必要的注册费、手续费和法律费等。专利权成本理论上应包括在创造专利权过程中所发生的制图费、实验费、申请专利的法律登记费以及聘请律师费等,但是,由于申请专利权不一定能够成功,为了谨慎起见,在研究与开发过程中发生的材料费用、直接参与开发人员的工资及福利费、开发过程中发生的租金、借款费用等,直接计入当期损益。

已经计入各期费用的研究与开发费用,在该项无形资产获得成功并依法申请取得权利时,不得再将原已计入费用的研究与开发费用资本化。

(二)专利权的摊销及其核算

无形资产按其历史成本入账后,在其使用期限内,应遵循配比原则,将其成本在各受益期间进行分摊。无形资产的摊销期限:合同规定了受益年限的,按不超过受益年限的期限摊销;合同没有规定受益年限而法律规定了受益年限的,按不超过法律规定的有效期限摊销;经营期短于有效年限的,按不超过经营期的年限摊销;合同和法律都规定受益年限的,在两者孰短的期限内摊销;合同和法律都未规定受益年限的,按不超过10年的期限摊销。我国修改后的《专利法》规定,发明专利保护期限为20年,实用新型和外观设计专利保护期限为10年,均自申请日起算。专利权在摊销时,应借记"管理费用——无形资产摊销"科目,贷记"无形资产——专利权"科目。

(三)专利权的转让及其核算

专利发明创造作为一种无形资产,可以进入商品流通领域,作为买卖的标的物。当专利权人不打算利用其专利或无法利用时,就可以将其专利权转让给他人利用。专利权的转让是指专利权人将其专利权转移给受让人所有,受让人支付一定报酬或价款,成为新的专利人的行为。专利权转让必须签订转让合同,并向专利局备案。专利权转让有两种形式,一种是所有权转让,另一种是使用权转让。

(四)专利权投资及其核算

专利权人可以将专利权作为投资,取得投资收益。这也可以被认为是专利权人自行实施专利的一种变通形式。

专利权如受到侵害而发起诉讼时,有可能胜诉也有可能败诉。关于诉讼费的处理一般惯例是如胜诉,应资本化;如败诉,应计入当期费用,且注销专利权成本。

二、商标权

商标是用来辨认特定的商品或劳务的标记。商标权指专门在某类指定的商品或产品上使用特定的名称或图案的权利。商标权包括独占使用权和禁止权两个方面。独占使用权指商标权享有人在商标的注册范围内独家使用其商标的权利;禁止权指商标权享有人排除和禁止他人对商标独占使用权进行侵犯的权利。

商标权是又一种知识产权的表现形式。商标外在形态是由文字、图形,或者是文字与图形的组合构成的。在国外,也有以包装容器造型、音响、气味、颜色来构成商标的。为了加强商标管理,保护商标专用权,促使生产者保证商品质量和维护商标信誉,以保障消费者的利益,促进我国知识经济的发展,我国在1982年颁布了《中华人民共和国商标法》,后又进行了修改。该法明确规定,经商标局核准注册的商标为注册商标,商标注册人享有商标专用权,受法律保护。

商标权具有专有性、地域性和时间性等法律特征。所谓专有性,是指商标注册人对注册商标享有专有使用的权利,其他任何单位或个人未经商标注册人的许可,不得使用该注册商标,专有性又可表现为商标的独占使用权和禁止权。商标注册人有权排除第三者擅自使用其注册商标,这种权利是商标权具有排他性的法律表现。地域性是指商标所有人享有的商标权,只在授予该项权利的国家有效,在其他国家内不发生法律效力。时间性是指商标权有一定的法定有效期限。有效期届满前可以申请续展注册,到期不续展则效力自行终止。

商标权之所以具有经济价值,主要是由于企业拥有某种特别商标的优质商品,成功地取得了广大消费者的信任,赢得了大量的顾客。所以它是企业的一种信誉,这种信誉能使企业高于同行业一般水平获得超额利润。

商标权的取得可能是企业自创并注册登记而得,也可能通过购买或接受投资从其他单位或个人取得。自创的商标权,其成本包括从设计至申请注册登记取得商标权的一切费用,还包括为保护商标权所发生的诉讼费、律师费以及续展登记费等。然而能够给拥有者带来获利能力的商标,常常是通过多年的广告宣传和其他传播手段,赢得客户的信赖而树立起来的。广告费一般直接作为销售费用,而不计入商标权的成本。外购的专利权成本包括购入的价款、登记费、法律费以及其他因受让而发生的支出。

商标权取得后应将其成本在其有效期内摊销,具体要求与专利权相同。我国商标法规定商标权的有效期限为10年,但到期还可以续展。

根据商标法规定,商标可以转让,但受让人应当保证不改变转让商标的商品质量标准,而且不可再随意转让给第三人。

商标权的会计核算也包括商标权的取得、商标权的摊销和商标权的转让等。可设"无形资产——商标权"科目进行会计处理。具体核算可比照专利权。

三、特许权

特许权，又称经营特许权、专营权，指企业在某一地区经营或销售某种特定商品的权利，或是一家企业接受另一家企业使用其商标、商号、技术秘密等的权利。前者一般是由政府机构授权，准许企业使用或在一定地区享有经营某种业务的特权，如水、电、邮电通信等专营权，烟草专卖权等；后者指企业间依照确定的合同，有限期或无限期使用另一家企业的某些权利，如连锁企业分店使用总店的名称。

专营权的法律特征是独占性和无地域性。所谓独占性是指一旦企业从政府机构或其他企业取得某种特许权，其他企业或个人不得侵犯和享用。无地域性是指专营权可以跨国界授予，如美国的麦当劳快餐公司、肯德基快餐公司等都是以特许经营权方式授予其在世界各地的特许人经营其快餐的特权。在我国，特许经营权也早已出现，电力公司、电话公司、煤气公司等公用事业单位，都是政府给予特定企业的特许权。近年来，我国以特许经营权方式从事的连锁超市、快餐、出租车经营的公司也日渐增多。特许权给受让人带来的经济利益是无形的，也是很多企业生存的前提。某些特许权经过企业精心经营可以为企业创造巨大的超额利润。

所以，取得特许权时，受让人应付出一定的代价，有的是一次性支付一笔总费用，有的是分期支付占用费。受让人在进行会计核算时，应设"无形资产——特许权"科目，并将初始一次性支付一笔较大的数额资本化，以后在合同规定的期限内摊销；无规定期限的按不超过10年摊销。摊销费计入管理费用。关于分次按营业额支付的占用费，在支付时，计入当期费用。

四、土地使用权

土地使用权，指国家准许某企业在一定期限内对国有土地享有开发、利用、经营的权利。根据我国土地管理法的规定，我国土地实行公有制，任何单位和个人不得侵占、买卖或者以其他形式非法转让。企业取得土地使用权的方式大致有以下几种：行政划拨取得、外购取得、投资者投入取得等。

第八章 财务会计无形资产管理

土地是人们赖以生存与发展的物质基础,在西方国家,土地可以作为固定资产自由买卖。在我国,土地属于国家所有,任何企业或个人,只能依照法律的规定对国有土地享有开发、利用、经营的权利,而不能侵占、买卖、出租或者以其他形式非法出让土地。为了加强土地管理,维护土地的社会主义公有制,1994年,我国对1986年颁布的《中华人民共和国土地管理法》继1988年后进行了第二次修改,明确规定了土地使用权除了国家依法划拨给某些企业使用外,还可以通过有偿出让的方式供某些企业使用或转让。国家将国有土地使用权按照地块、用途、年限和其他条件在一定期限内出让给土地使用者,由土地使用者按照合同约定向国家支付土地使用权出让金,未按照出让合同约定支付土地使用权出让金的,土地管理部门有权解除合同,并可以请求违约赔偿。土地使用权出让合同约定的使用年限届满,土地使用者需要继续使用土地的,可以申请续期。土地使用权人依法取得土地使用权后,可通过买卖、赠予或者其他合法方式将土地使用权转移给他人。土地使用权转让后,其使用年限为原土地使用权出让合同约定的使用年限减去原土地使用者已经使用年限后的剩余年限。

土地使用权的会计核算主要包括土地使用权的取得、土地使用权的摊销、土地使用权的转让、土地使用权投资、土地使用权赠予等。

企业的土地使用权不论是从国家出让取得,还是从其他单位转让取得,其成本除了企业支付的出让金或转让金外,在其开发利用之前,可能还发生一些迁移补偿费、场地平整费、丈量费和法律手续费等,这些费用应一并作为土地使用权成本。分期支付土地使用权费用时,还要以每次应支付使用费的现值入账,借记"无形资产——土地使用权",贷记"银行存款"。

我国房地产有关法规规定,如果土地使用权是连同土地上的附着物,如房屋、建筑物等一起购入的,土地使用权则一并作为固定资产核算,不再单独确认为无形资产。

企业会计制度规定,企业进行房地产开发时,应将相关的土地使用权予以结转;结转时,将土地使用权的账面价值一次计入房地产开发成本。

国家在出让或企业在转让土地使用权时,一般都规定土地使用权的有效使用年限,这时,企业在取得土地使用权后,应在规定的有效使用期内摊销,摊销时一般借记"管理费用",贷记"无形资产——土地使用权"。

五、非专利技术

非专利技术,也称专有技术,它是指不为外界所知,在生产经营活动中已采用的,不享有法律保护的各种技术和经验。非专利技术一般包括工业专有技术、商业贸易专有技术、管理专有技术等。非专利技术可以用蓝图、配方、技术记录、操作方法的说明等具体资料表现出来,也可以通过卖方派出技术人员进行指导,或接受买方人员进行技术实习等手段实现。非专利技术具有经济性、机密性和动态性等特点。

第四节 商誉

商誉通常是指企业由于所处的地理位置优越,或由于信誉好而获得了客户信任,或由于组织得当而生产经营效益高,或由于技术先进掌握了生产诀窍等原因而形成的无形价值。这种无形价值具体表现为该企业的获利能力超过了一般企业的获利水平。商誉与整个企业密切相关,因而它不能单独存在,也不能与企业可辨认的各种资产分开出售。由于有助于形成商誉的个别因素不能单独计价,因此商誉的价值只有把企业作为一个整体看待时才能按总额加以确定。商誉可以是自创的,也可以是外购的。

一、商誉的性质

随着企业兼并收购浪潮的涌起,企业产权交易日益活跃,在产权有偿转让过程中,商誉也应运而生。商誉不同于一般的无形资产,美国财务会计委员会将其特征概括如下:①商誉与作为一个整体的企业密切相关,它不能单独存在,也不能与企业的可辨认的各种资产分开来出售。②形成商誉的各个因素,不能用任何方法或公式进行单独讨价。它的价值只有在把企业作为一个整体来看待时,才能按总额加以确定。③在企业合并时可确认的商誉的未来收益,可能和建立商誉过程中所发生的成本没有关系。商誉的存在,未必一定有为建立它而发生的各种成本。可见商誉是一种不可单独买卖、不可辨认或确指的特殊的资产。

对商誉概念的认识,比较一致的看法是,商誉是由于企业所处地理位置优越,或由于信誉好而获得了客户的信任,或由于组织得当、生产经营效益高,或由于技术先进、掌握了生产的诀窍等原因而形成的无形价值。这种无形价值能为企业带来超过一般盈利水平的超额利润。例如,某企业净资产的价值为1000万元,行业平均净资产报酬率为5%,而该企业平均每年可获利85万元。可见,该企业具有超过同行业平均盈利的能力,其获得的超额利润为35(85-1000×5%)万元。这35万元,就可认为是企业自身有隐含的商誉创造的。

二、商誉入账价值的确定

商誉可以是由企业自己建立的,也可以是从外界购入的。但是,只有外购的商誉,才能确认入账。只有在企业兼并或购买另一个企业时,才能确认商誉。商誉的计价方法很多,也很复杂。通常在一个企业购买另一个企业时,经双方协商确定买价后,买价与卖方可辨认净资产公允价值的差额即为商誉。

有人主张,那些长期具有超额收益能力、超过同行业平均利润率的企业在自创商誉过程中,为了取得超额利润,付出了一定的代价和巨额支出,应将这些费用估价入账,确认为商誉。他们认为不这样做会违背信息的相关性和重要性原则,不能充分地将信息传递给使用者。因为自创商誉是实现企业未来经济利益的承担者之一,其价值不应在企业并购时才得以实现,并且具有自创商誉的企业往往生命力很强,如果该企业没有被并购,其商誉也无法体现,即使并购时体现,也只是反映在购买企业的账上,作为购买企业的资产。

而购买企业购买入账的商誉不一定能为该企业的未来带来收益,如果商誉是被并购企业的管理业绩优越而形成,若并购后企业不能发扬被并购企业的管理水平,则可能会使企业经济效益下降。

在实务中,并不确认自创商誉。不过随着预测科学的进步,可以预测企业未来每年盈利能带来的现金流量,选择合理的贴现率,确定企业的收益能力;也可以通过对上市企业的股票市价总额与其重估价后的净资产对比确定企业的收益能力,据此来确定企业的商誉。目前一些西方国家已经在探讨自创商誉的问题。

三、负商誉

当企业购并另一个企业时,所支付的价款低于被并购企业可辨认净资产的公允价值时,其差额为负值,称为负商誉。

负商誉与商誉一样,只有在企业并购时才能确认。并购另一个企业发生负商誉,可能是由于被并购企业的盈利能力确实很低,低于同行业的一般盈利水平,也有可能是交易市场发生变化使企业分别出售其资产比整体出售更有利,而使整个企业的价值低于其资产的公允价值。

在会计上,负商誉作为商誉的对立面对其处理有三种方法:①作为递延收益,分期摊入各期损益。这种方法是商誉的反向处理。但这种方法的缺陷是使人难以理解。一方面,递延收益是负债,但负商誉并不具有负债的内在要求,它根本不存在债权人,企业将来也不需要付出资产或劳务去偿还;另一方面,将负商誉分期摊入各期收益,在无现金流入的情况下,使企业收益增加。②在并购时,将负商誉全部增加所有者权益。这种处理实际上是将负商誉作为计价调整科目,直接调整企业的资本价值而不涉及企业的损益,避免了损益虚增的情况。③按比例冲销非流动资产,直到非流动资产的账面价值为零,尚还有差额,则确认为递延贷项,分期摊入各期损益。该种方法比较谨慎,也避免了人为确定摊销期间,加大各期利润,使信息使用者难以理解的缺陷。

参考文献

[1]蔡智慧,施全艳.现代会计学与财务管理的创新研究[M].北京:中国商务出版社,2023.

[2]董艳丽.新时代背景下的财务管理研究[M].长春:吉林人民出版社,2019.

[3]韩吉茂,王琦,渠万淼.现代财务分析与会计信息化研究[M].长春:吉林人民出版社,2019.

[4]黄延霞.财务会计管理研究[M].北京:经济日报出版社,2018.

[5]景静.财务会计与企业管理研究[M].北京:北京工业大学出版社,2021.

[6]景秋云,吴萌,吴韶颖.财务管理理论与实务研究[M].北京:中国商业出版社,2018.

[7]李婉丽,雷永欣,闫莉.企业管理会计与财务管理现代化发展[M].北京:中国商务出版社,2022.